W Fix

Das Reichsland Elsass-Lothringen, seine Wiederwerbung für Deutschland

und seine geschichtliche Entwicklung

W Fix

Das Reichsland Elsass-Lothringen, seine Wiederwerbung für Deutschland
und seine geschichtliche Entwicklung

ISBN/EAN: 9783743689985

Hergestellt in Europa, USA, Kanada, Australien, Japan

Cover: Foto ©ninafisch / pixelio.de

Weitere Bücher finden Sie auf **www.hansebooks.com**

Das Reichsland

Elsafs-Lothringen,

seine

Wiedererwerbung für Deutschland

und seine

geschichtliche Entwicklung.

Übersichtlich dargestellt

von

W. Fix,

Direktor des Königlichen Seminars in Soest.

Separatausgabe der 1. Lieferung des Beiheftes zur „Territorialgeschichte des preufsischen Staates".

Berlin, 1888.

Verlag der Simon Schroppschen Hof-Landkartenhandlung.

(J. H. Neumann.)

Vorwort.

Das vorliegende, der Wiedererwerbung Elsafs-Lothringens für Deutschland und der historischen Entwicklung dieses Reichslandes gewidmete Heft ist ursprünglich als I. Lieferung des Beiheftes zu meiner „Territorialgeschichte des preufsischen Staates" verbreitet worden. Gegenwärtig erscheint dasselbe in einer Separatausgabe, deren in sich abgerundeter Inhalt das genannte Werk, welches naturgemäfs mit den Ergebnissen des Jahres 1866 für Preufsen zum Abschlufs gebracht werden mufste, über die Siege von 1870 hinaus fortführt. Es geschieht dies in einer übersichtlichen Fassung, die mich hoffen läfst, dafs durch das kleine Buch auch in den aufserpreufsischen Gebieten Deutschlands das Interesse an der Gestaltung des allen deutschen Stämmen gleich teuren Schatzes wiedergewonnener Länder einigermafsen geweckt und, zumal vermittelst der Verwendung desselben in höheren Schulen, rege erhalten werden könne.

Die Quellenschriften, welche ich neben zahlreichen encyklopädischen Werken vorzugsweise benutzt habe, finden sich in dem Hefte selbst vermerkt. Die Gonzenbachsche Ehrenrettung v. Erlachs (S. 41 ff.) ist mir leider erst nach dem bereits vollendeten Drucke des betreffenden Bogens zugegangen. — Die kartographische Darstellung der im Reichslande zusammengefafsten älteren Gebietsteile ist auf der Übersichtskarte erfolgt, welche meiner „Geschichte der deutschen Staaten in tabellarischer Darstellung" (Separatausgabe der II. Lieferung des Beiheftes zur „Territorialgeschichte") beigegeben ist, und gestatte ich mir, auf dieses durch das Berliner lithographische Institut in sauberem Farbendruck ausgeführte Blatt, welches demnächst auch einzeln zu haben sein wird, hiermit noch besonders hinzuweisen.

Soest, Ende 1887.

F.

I. Begründung des neuen deutschen Reiches unter Preußens Führung; Erweiterung desselben durch die wiedergewonnenen Lande Elsaß und Lothringen.

§ 1. Ursachen des deutsch-französischen Krieges von 1870/71. — Der luxemburger Handel war nicht zum Vorteil Frankreichs ausgeschlagen. Auch die sonstigen, auf Erwerbung linksrheinischer Gebietsteile Deutschlands, namentlich des Kohlenreviers an der Saar, hinzielenden Pläne Napoleons III. scheiterten an der mannhaften Erklärung des Königs Wilhelm, daß mit seiner Zustimmung „kein fußbreit deutschen Bodens verloren gehen solle", sowie an der diplomatischen Kunst des Bundeskanzlers, welcher es trefflich verstand, den Gegner hinzuhalten, ohne ihm bindende Erklärungen abzugeben, oder ihn durch entschiedenen Widerspruch zu reizen.

Die Reihe der Mißerfolge, welche die kaiserliche Regierung zu verzeichnen hatte, mehrte indessen nur noch den Neid und die Eifersucht der Wortführer Frankreichs. Auch für das in eitler Verblendung auf seine dereinstige Größe hinblickende französische Volk gehörte schließlich das Geschrei der „Rache für Sadowa" zur Tagesordnung. Während des Jahres 1869 umtobte dasselbe immer wüster den mühsam aufgebauten Thron des Kaiserreiches; es raubte dem Herrscher alle Vorsicht, welche er bis dahin bewiesen, und warf ihn der Kriegspartei in die Arme. Das ganz Frankreich beherrschende Gelüste nach der Rheingrenze steigerte sich fast bis zum Wahnsinn; die Hetzereien einer Presse, welche auf die in Deutschland noch bestehende Trennung des Südens vom Norden hinwies, zu deren Benutzung die Zeit dränge, fanden mehr und mehr Gehör. In fieberhafter Erregung bewilligte das Parlament die sämtlichen zur bessern Ausrüstung des Heeres geforderten Summen. Kraftlos und ohne besonnene Überlegung standen die wechselnden Ministerien inmitten des allgemeinen Sturmes da; zum tiefsten

Schmerze aller Freunde einer friedlichen Entwicklung der politischen Verhältnisse verbreitete sich auch in Deutschland die Überzeugung immer mehr, daſs es nur noch eines schwachen Funkens bedürfe, um den in bedrohlicher Menge angehäuften Zündstoff zur furchtbar verheerenden Flamme zu entzünden.

In den schwülen Sommertagen des Jahres 1870 war endlich für das Ministerium Ollivier, welches Napoleon eben zur Wiederaufrichtung seines gesunkenen Ansehens berufen hatte, der Anlaſs zum Kriege gefunden, wenn auch in einer den bisherigen Verhandlungen zwischen Deutschland und Frankreich fernliegenden Thatsache. Der Thron Spaniens, durch die Flucht der Königin Isabella seit längerer Zeit verwaist, sollte nach der Absicht des Generals Prim, der jenseit der Pyrenäen die Macht in Händen hielt, wieder besetzt werden. Der Erbprinz Leopold von Hohenzollern-Sigmaringen[1]) war von den herrschenden Parteien der Cortes dazu ausersehen worden, das vertriebene bourbonische Haus zu ersetzen. Die Verhandlungen, durch welche der Prinz selbst, wie dessen Vater, der damals in Düsseldorf residierende Fürst Anton von Hohenzollern für den Plan gewonnen werden sollten, waren durchaus nicht geheim gehalten worden; anfangs Juli 1870 hatten dieselben zu dem Beschlusse des spanischen Ministeriums geführt, dem Prinzen durch eine besondere Gesandtschaft die Krone Spaniens förmlich antragen zu lassen.

Da durchflog wie im Nu die unwahre Behauptung ganz Frankreich, der Erbprinz Leopold sei ein **naher Anverwandter des preuſsischen Königshauses**; Graf Bismarck wolle denselben benutzen, um der Hohenzollern mächtige Hand nun auch auf Spanien zu legen, Frankreich von beiden Seiten her zu fassen und es zu erdrücken. Vergebens erklärte der preuſsische Staatssekretär dem französischen Geschäftsträger in Berlin, der am 4. Juli auf dem auswärtigen Amte erschienen war, um der „**peinlichen Empfindung**" Ausdruck zu geben, welche die spanische Thronkandidatur des Erbprinzen von Hohenzollern in Paris hervorgerufen, daſs diese **Frage für Preuſsen nicht existiere** und er nicht imstande sei, über die Entwicklung und Lösung derselben nähere Mitteilungen zu machen; vergebens wiederholte der Botschafter des norddeutschen Bundes, v. Werther, dem französischen Ministerpräsidenten Ollivier

---

[1]) Vergl. § 145 der „Territorialgeschichte" und die genealogischen Tafeln im Anhang I.

und dem Minister des Auswärtigen, Herzog v. Gramont, dafs die preufsische Regierung sich nicht für berechtigt halte, in die Entschliefsungen des Prinzen einzugreifen; — der Herzog sprach in der Kammer seine Meinung dahin aus: „Wir glauben nicht, dafs die Achtung vor den Rechten eines Nachbarvolkes uns verpflichtet, zu dulden, dafs eine fremde Macht, indem sie einen ihrer Prinzen auf den Thron Karls V. setzt, zu unserm Schaden das Gleichgewicht Europas störe und die Interessen und Ehre Frankreichs in Gefahr bringe." Die grofse Mehrheit der Deputierten stimmte ihm zu und bestärkte ihn in dem Vorhaben, durch den Botschafter Benedetti von dem eben im Bade Ems anwesenden Könige von Preufsen ein Verbot zu erwirken, durch welches dem Erbprinzen die Annahme der spanischen Krone in aller Form untersagt sein solle. Der König lehnte das an ihn gerichtete Begehren entschieden ab, und als am 12. Juli der Prinz aus eignem Antriebe der ihm angetragenen Kandidatur entsagte, schien es ihm, wie dem gesamten deutschen Volke, als ob nunmehr allen aus dieser Frage zu erwartenden Verwicklungen vorgebeugt sei. Der Herzog von Gramont hielt jedoch dem Botschafter v. Werther gegenüber eine schriftliche Entschuldigung bei Napoleon III. für erforderlich; zugleich forderte Benedetti nach der ihm zugegangenen Weisung den König auf der Brunnenpromenade zu Ems auf, die Verzichtleistung des Erbprinzen öffentlich gutzuheifsen und zu versichern, dafs die augenblicklich beseitigte Kandidatur auch in der Zukunft in keinem Falle wieder aufgenommen werden solle. Im vollen Gefühl seiner beleidigten Würde wies der König die unerhörte Zumutung mit dem stärksten Nachdruck zurück und lehnte jeden weitern Verkehr mit dem Gesandten Frankreichs in dieser Angelegenheit ab.

Schon am 15. Juli erstattete Ollivier der Deputiertenkammer über die stattgehabten Vorgänge Bericht. Die Regierung habe alles aufgeboten, was in ihren Kräften stehe, um den Krieg zu vermeiden; die letzthin eingetroffenen Nachrichten über die dem kaiserlichen Botschafter zu teil gewordene Behandlung seien jedoch derartig überraschend, dafs man sich vorbereiten müsse, dem „angebotenen" Kriege entgegenzutreten. Mit den Rüstungen sei demnach begonnen worden. Nochmals bestritten die einflufsreichsten Mitglieder der Linken, u. a. Gambetta und Thiers, „teils die Gerechtigkeit, teils die Opportunität" eines Krieges mit Deutschland; indessen wurden ihre Mahnrufe von dem wilden Schlachtgeschrei der Majorität übertäubt und die Kreditforderungen der Regierung genehmigt. Sofort erging an die im Lager von Chalons versammelten Truppen der Befehl, sich bis gegen die Grenze vorzuschieben. Damit hatte der Krieg faktisch begonnen; die Kriegserklärung selbst wurde dem Minister des Auswärtigen, Grafen Bismarck, am 19. Juli, dem Todestage der Königin Luise[1]), überreicht, während Napoleon am 23. in einer Proklamation allen Franzosen verkündete, „Preufsen habe auf seinem Wege der Eroberungen die Ehre Frankreichs in dem Mafse verletzt, dafs der Krieg unabwendbar geworden sei. Eine Unterjochung habe Deutschland nicht zu befürchten; vielmehr sollten alle Stämme der grofsen germanischen Nationalität frei über ihr Geschick verfügen können".

§ 2. **Der Anfang des Krieges gegen das kaiserliche Frankreich.** — Mittlerweile hatten auch auf deutscher Seite die Ereignisse überaus rasch zur Entscheidung gedrängt. Kaum war der König, von der Begeisterung des Volkes getragen, in seine Hauptstadt zurückgekehrt (15. Juli), so begann die Mobilmachung der Armee des norddeutschen Bundes, nachdem der Bundesrat einstimmig die bisherigen Schritte des Präsidiums gebilligt und die Annahme des Krieges beschlossen hatte. Die von England zur Beilegung des Konfliktes dargebotene Vermittlung lehnte der Kanzler im Auftrage des Königs ab. Der zum 19. Juli einberufene und an diesem Tage feierlich eröffnete Reichstag[2]) versicherte den König in einer Adresse seines unbegrenzten Vertrauens beim Eintritt in den ihm aufgedrungenen Kampf und rifs das ganze Volk zu glühendem Patriotismus hin, indem er einstimmig die Mittel zur Kriegführung bewilligte. Aus Süddeutschland erscholl die Kunde, dafs Bayerns König in jugendlich-freudiger Begeisterung den Einflüsterungen der gegnerischen Diplomaten widerstanden, die deutsche Sache zu der seinen gemacht habe und, festhaltend an den Allianzverträgen, seine Armee in Kriegsbereitschaft setzen lasse; dafs auch Württemberg

---

[1]) Die an diesem Tage von dem Könige vollzogene Erneuerung des eisernen Kreuzes wollte dieses Gedenkzeichen aus Preufsens grofser Zeit zugleich als ein Pfand dafür hinstellen, dafs der neu beginnende Kampf gegen den Erbfeind der deutschen Nation geführt werden solle zur Vollendung und dauernden Sicherung dessen, was nach den Befreiungskriegen in unzureichendem Mafse errungen worden war, — „der vollen Selbständigkeit und geeinigten nationalen Macht des deutschen Vaterlandes".

[2]) Die von dem Könige selbst verlesene Thronrede verkündete den Vertretern des Volkes u. a.: „Hat Deutschland Vergewaltigungen seines Rechtes und seiner Ehre in früheren Jahrhunderten schweigend ertragen, so ertrug es sie nur, weil es in seiner Zerrissenheit nicht wufste, wie stark es war. Heute, wo das Band geistiger und rechtlicher Einigung, welches die Befreiungskriege zu knüpfen begannen, die deutschen Stämme je länger, desto inniger verbindet, heute, wo Deutschlands Rüstung dem Feinde keine Öffnung mehr bietet, trägt Deutschland in sich selbst den Willen und die Kraft der Abwehr erneuter französischer Gewaltthat."

und **Baden** sich anschickten, dem ihnen gegebenen leuchtenden Beispiel Folge zu leisten. Noch am 20. Juli teilte König Wilhelm seinen Bundesgenossen mit, daſs er den **Oberbefehl über die süddeutschen Truppen** übernommen und den **Kronprinzen von Preuſsen** zum Führer der aus denselben zu formierenden III. Armee bestimmt habe. Mit ungeteiltem Jubel wurde letzterer allerwärts empfangen, als er sich vom 27. Juli ab nach München, Stuttgart, Karlsruhe begab, um die ihm unterstellten Korps in die südlichen Teile der **rheinischen Pfalz** zu weisen, während Prinz **Friedrich Karl** die II. Armee, zu deren Befehlshaber er ernannt worden war, in der Gegend von **Mainz** sammelte und dem General v. Steinmetz die Aufgabe zufiel, mit der I. Armee durch die Thäler der Eifel zur Mosel vorzudringen, um bei **Saarbrücken**, wo bereits die ersten Vorpostengefechte stattgefunden, die feindliche Grenze zu überschreiten [1]). — Den Oberbefehl über die gesamte **französische** Armee hatte Kaiser **Napoleon sich selbst vorbehalten** [2]).

Die bange Erwartung der kommenden Dinge, welche sich in den letzten Tagen des Juli aller Gemüter bemächtigte, wurde durch die Veröffentlichung einer **Cirkulardepesche** des Grafen Bismarck unterbrochen, durch welche er in kühner Offenheit dem von Frankreichs Diplomaten vielumworbenen Österreich über die Pläne, welche Napoleon mit seinen Allianzen zu erreichen suche, die Augen öffnete. — Am 31. Juli ging **König Wilhelm** mit dem Grafen Bismarck, dem

---

[1]) General v. **Steinmetz**, der Sieger von Nachod, befehligte **drei** Armeekorps, das 1. unter Gen. v. **Manteuffel**, das 7. unter v. **Zastrow**, das 8. unter v. **Goeben**. — Prinz **Friedrich Karl** vereinigte sieben Armeekorps unter seinem Kommando: das Gardekorps — Herzog **August** v. **Württemberg**; das 2. Korps — v. **Fransecky**; das 3. — v. **Alvensleben II**; das 4. — v. **Alvensleben I**; das 9. — v. **Manstein**; das 10. — v. **Voigts-Rhetz**; das 12. (sächsische) — Kronprinz **Albert von Sachsen**. — Der Armee des **Kronprinzen von Preuſsen** waren sechs Armeekorps zugeteilt: das 1. bayersche — v. d. **Tann**; das 2. bayersche — v. **Hartmann**; das württembergisch-badensche — v. **Werder**; das 5. preuſsische — v. **Kirchbach**; das 6. — v. **Tümpling**; das 9. — v. **Bose**. Den einzelnen Armeen waren als Generalstabchefs die Generäle v. **Sperling**, v. **Stiehle** und v. **Blumenthal** beigegeben.

[2]) Beim Beginn des Krieges wurde der rechte **Flügel** der aus 8 Armeekorps zusammengesetzten französischen Armee durch das 7. Korps unter Felix **Douay** und das 1. unter **Mac Mahon** gebildet; jenes hatte sich im obern Elsaſs zwischen Belfort und Straſsburg, dieses in den Verzweigungen des Wasgaugebirges nördlich von dieser letztern Festung aufgestellt. Das 5. Korps unter de **Failly**, das 2. unter **Frossard** und das 3. unter **Bazaine** machten das **Centrum** aus, welches sich von Bitsch südlich an Saarbrücken vorbei bis Metz gelagert hatte. Der linke Flügel bestand zunächst aus dem 6. Korps unter l'**Admirault**, das in der Festung Diedenhofen seinen Stützpunkt suchte, während **Canrobert** bei Chalons das 4. Korps formierte, welches in Verbindung mit dem Gardekorps unter **Bourbaki** (Hauptquartier Nancy) die Reserve zu bilden bestimmt war. — Dem Kaiser stand der Chef des Generalstabs Marschall **Lebocuf** zur Seite, welchem schon in seiner seitherigen Stellung als Kriegsminister die erforderliche Vorsicht gefehlt hatte.

Kriegsminister v. Roon und dem Chef des Generalstabes v. Moltke zur Armee ab, deren oberste Führung er selber übernahm, nachdem er sich in einer herrlichen Proklamation an sein Volk gewandt hatte.

§ 3. **Weifsenburg, Wörth, Spichern.** — Der Vormarsch in das kaiserliche Frankreich begann am 4. August mit dem Angriff des Kronprinzen von Preufsen auf Weifsenburg, der glänzenden Erstürmung jener aus den Revolutionskriegen als „Weifsenburger Linien" bekannten Verschanzungen und des Geisberges, sowie der Zurückwerfung des Douayschen Korps, dessen Führer im Kampfe fiel, durch Abteilungen des 5. und 9. preufsischen und des 2. bayerischen Korps. Die Waffenbrüderschaft der tapfern Männer aus dem Norden und Süden des Vaterlandes ward hier auf dem Felde der Ehren geschlossen und mit edelm Blute besiegelt. „Unser Fritz" war mit diesem seinen Siege zugleich auch der geliebte Held der bayerischen Heeresmassen geworden.

Nachdem sie die Vorhut des Feindes geschlagen, wendete sich die III. Armee gegen die Hauptmacht des Marschalls Mac Mahon, welche sie im Quellgebiete der Sauer traf, verstärkt durch Divisionen der Korps Failly und Canrobert. Unaufhaltsam stürmten die Deutschen am 6. August auf die günstige Stellung ein, welche der Marschall sich auf den Höhen von Wörth und Reichshofen gesichert hatte; unaufhaltsam drangen sie trotz tapfern Widerstandes der französischen Artillerie bei Niederbronn vor, bis sich der Held von Magenta unter schweren Verlusten zur schleunigen Flucht wandte, um das Thal der Saar zu erreichen. — Zugleich traf am Schlachttage von Wörth die Spitze der I. deutschen Armee auf den linken Flügel des Feindes, das Korps Frossard, welches unter den Augen des Kaisers auf dem Spicherer Berge unweit Saarbrücken ein Lager bezogen hatte, das unangreifbar schien. Aber dennoch begann General v. Kameke den Sturm, nachmals verstärkt durch Truppen der Divisionen Barnekow und Stülpnagel. Auch General v. Göben erschien und übernahm das Kommando. In blutigem Ringen wurde die feste Position des übermächtigen Feindes gewonnen und das gesamte Frossardsche Korps in völliger Auflösung auf Forbach geworfen. Schon nach wenigen Tagen stand dem Einmarsch der siegreichen I. Armee in das französische Gebiet kein weiteres Hindernis entgegen. Der König beglückwünschte seine Krieger vom Hauptquartier Homburg in der Pfalz aus zu den durch ihre Tapferkeit errungenen Erfolgen und erliefs beim Überschreiten der Grenze eine Proklamation an das französische Volk, während er seine heldenmütigen Krieger ermahnte, ihren Ruhm durch strengste Mannszucht nur noch zu steigern[1]).

---

[1]) „Wir führen keinen Krieg gegen die friedlichen Bewohner des Landes; es ist vielmehr die Pflicht jedes ehrliebenden Soldaten, nicht zu dulden, dafs der gute Ruf unsers Heeres auch nur durch einzelne Beispiele von Zuchtlosigkeit angetastet werde."

Dem unvergleichlichen Anfange des Krieges entsprach der auf allen Punkten siegreiche Fortgang. Die ganze französische Armee sah sich zum schleunigsten Rückzug auf die starke Feste Metz und die Mosel gezwungen, da sie befürchten mufste, durch die rasch zu diesem Flusse vordringenden Regimenter des Kronprinzen umgangen zu werden. Erst unter den starken Mauern der Forts liefs sie die hinter ihr her stürmende Kavallerie der I. und II. deutschen Armee zu Atem kommen. Im Zusammenhange mit dem Sturze des Ministeriums Ollivier-Gramont, welches mit „leichtem Herzen" den Krieg begonnen hatte, und der Bildung eines neuen unter dem Grafen v. Palikao durch die als Regentin in Paris zurückgebliebene Kaiserin Eugenie legte Napoleon, um den gegen seine Unfähigkeit gerichteten Vorwürfen zu entgehen, den Oberbefehl nieder (12. Aug.) und übertrug denselben dem ältesten der als Korpsführer anwesenden Marschälle, Bazaine, welcher dereinst in Mexiko Lorbeern von höchst zweifelhaftem Werte errungen hatte. Alsbald fafste dieser den Plan, die Verteidigung von Metz der starken Besatzung zu überlassen, sich selbst aber mit den ihm zur Verfügung stehenden 220 000 Mann auf Chalons zurückzuziehen, um hier die Vereinigung mit den Resten des schnell über die Mosel geflohenen Mac Mahonschen Heeres und dem durch General Trochu neu zu bildenden Korps zu bewirken, in starker Stellung den Feind zu erwarten und ihm die Spitze zu bieten. Aber die deutsche Heeresleitung durchschaute rechtzeitig das gefährliche Vorhaben und war rasch entschlossen, seiner Ausführung zuvorzukommen. Bei Metz sollte Bazaine festgehalten und zu einer entscheidenden Schlacht gezwungen werden.

§ 4. **Die Schlachten um Metz.** — Während Prinz Friedrich Karl oberhalb der Festung, bei Pont à Mousson, mit der II. Armee über die Mosel vordrang (13. Aug.), um die Strafse nach Verdun zu besetzen, griff General v. Steinmetz im Osten, bei Courcelles (und Pange) mit den ostpreufsischen und westfälischen Kriegern den Feind unter Bazaines Oberbefehl an (14. Aug.), trieb ihn durch den Sturmmarsch, welchen v. Manteuffel organisiert hatte, unter die Werke von Metz zurück und zwang ihn, das rechte Ufer des Flusses zu verlassen. Am folgenden Tage befahl Bazaine die Aufstellung der kaiserlichen Garde samt den Korps Decaen, l'Admirault, Frossard und Canrobert westlich von Metz, um den Rückzug auf Verdun zu erzwingen. Aber in der heifsen Schlacht bei Mars la Tour (oder Vionville) am 16. August wurde sein Vorsatz vereitelt. Sechs Stunden lang hielten sich die Brandenburger unter v. Alvensleben II. gegen eine ungeheure Übermacht, bis der Prinz nach und nach Verstärkungen senden und durch seine Reiterei in dem blutigen Ringen um Flavigny das Schlachtfeld behaupten konnte. Aber noch einmal gedachte Bazaine seine ganze Macht von 200 000 Mann zu sammeln, um den Durchbruch zu versuchen. König Wilhelm übernahm in eigner Person den Oberbefehl über die deutschen Heeresmassen

von ungefähr gleicher Stärke. Furchtbar wogte in der Schlacht bei
Gravelotte (oder Rezonville) am 18. Aug. der Kampf am rechten und
linken Flügel des Feindes, dort bei den Dörfern St. Marie aux Chênes
und St. Privat, welche endlich nach gewaltigen Verlusten durch die
preufsische Garde und das sächsische Korps dem Feinde entrissen
wurden, — hier in der Umgebung des Hofes Moscou, wo erst am Abend
der mit den Pommern herzugeeilte General v. Fransecky die Entscheidung brachte. — Die ungeheure Niederlage, welche die französische
Heeresmacht in den drei Kampfestagen von Metz erlitten, liefs jeden weitern
Vorstofs Bazaines unmöglich erscheinen. Nur durch den schleunigen
Rückzug zwischen die Bastionen der nie bezwungenen Feste Metz vermochte er es, dem Kaiser die Armee zu erhalten.

Dieser war bereits in Chalons angekommen, um sich an dem
von Mac Mahon zu leistenden Widerstande gegen die heranstürmenden
Scharen des Kronprinzen zu beteiligen. Die Aufgabe, die ungeheuren
Werke von Metz zu umschliefsen und die zu erwartenden Ausfälle
Bazaines zurückzuschlagen, fiel der Hauptmasse der I. und II. Armee
zu, während aus verschiedenen Abteilungen der letztern, nämlich der
preufsischen Garde, dem 4. und dem sächsischen Korps eine IV. (Nord-
oder Maas-)Armee gebildet wurde, welche unter dem Kronprinzen von Sachsen dem preufsischen Kronprinzen auf dem
Fufse folgte.

§ 5. Sedan. — Schon nach wenigen Tagen traf im deutschen
Hauptquartier die Nachricht ein, dafs General Trochu zum Gouverneur von Paris ernannt sei und die Hauptstadt in Verteidigungszustand
setze; sowie dafs unter den Augen des Kaisers Mac Mahon mit den
ihm untergebenen Korpsführern Ducrot und de Failly, denen sich
alsbald auch Wimpffen zugesellt, im Lager von Chalons ein neues
Heer von 125 000 Mann zusammengebracht habe, von dem man auf
deutscher Seite annahm, dafs es lediglich zur Deckung von Paris dienen
solle. Überraschend war darum die Kunde, dafs Mac Mahon nicht nur
die Stellung bei Chalons aufgegeben und nach Reims, sondern auch
noch darüber hinaus in nördlicher Richtung abmarschiert sei.
Der Chef des grofsen Generalstabes, v. Moltke, vermutete, was spätere
Verhandlungen bestätigten, dafs der feindliche Heerführer den verwegenen Flankenmarsch angeordnet habe, um an der belgischen Grenze
und unter dem Schutze der dieser entlang laufenden Festungszone in
östlicher Richtung umzubiegen, der in Metz eingeschlossenen „Rheinarmee" die Hand zu reichen und den vom Prinzen Friedrich Karl um
die letztere gezogenen Ring zu zertrümmern, ehe die von den beiden
Kronprinzen geführten Armeen den Vormarsch auf Paris zu unterbrechen
und Hülfe zu bringen vermöchten. Unverzüglich erging darum aus
dem Hauptquartier von St. Dizier der Befehl des Königs, dem im
grofsen Bogen ausweichenden Feinde durch eine scharfe Schwenkung
aller Heeresteile nach rechts den Weg zu versperren. In musterhafter Präzision gelangte der rasche Entschlufs zur Ausführung. Nach

wenigen Tagemärschen kam die jetzt die Vorhut bildende deutsche Nordarmee mit dem Feinde in Fühlung, hinderte ihn an dem Übergange über die Maas, schlug ihn bei Beaumont (31. Aug.) und verlegte ihm durch Besetzung der wichtigsten Ardennenpässe den Weg nach Metz. Gleichzeitig hatte die III. Armee durch das siegreiche Gefecht von Buzancy (27. Aug.) dem Feinde das Entweichen in der Richtung auf Paris unmöglich gemacht, und so sah sich denn Mac Mahon, den Kaiser zu seiner Seite, mit einem eisernen Gürtel umklammert, den er nicht mehr zu zerreifsen vermochte. In dem die kleine Festung Sedan umziehenden Kessel, dessen Ränder von preufsischer Artillerie besetzt waren, sahen sich die Franzosen in der Frühe des 1. September zusammengedrängt, und es begann mit dem Sturme der Bayern unter v. d. Tann auf das Dorf Bazeilles das gewaltige, nie gesehene Treiben von den Höhen ins Thal hinab, das die Weltgeschichte unter dem Namen der Schlacht bei Sedan als eine der glorreichsten und in ihren Folgen grofsartigsten Kriegesthaten zu allen Zeiten preisen wird. Der durch Mac Mahons Verwundung herbeigeführte verhängnisvolle Übergang des Oberkommandos auf den erst vor kurzem aus Algerien herzugekommenen General v. Wimpffen, die Erstürmung der Höhen von Daigny, die niederschmetternden Wirkungen der preufsischen Artillerie von Fleignaux herab, die Zurückweisung der stürmischen Angriffe französischer Reiterei durch das mit staunenswerter Ruhe unterhaltene vernichtende Feuer deutscher Infanteriekolonnen führten am Nachmittage die vollständige Erschöpfung der feindlichen Streitkräfte herbei, welche den König Wilhelm veranlafste, den Kampf auf der ganzen Schlachtlinie einstellen und den Kaiser Napoleon durch den Oberstlieutenant Bronsart als Parlamentär zur Kapitulation auffordern zu lassen. Am Morgen des 2. September, nach der welthistorischen Zusammenkunft Napoleons III. mit dem Grafen v. Bismarck in Donchery, wurde dieselbe durch den letztern und Moltke mit Wimpffen, dem Bevollmächtigten des Kaisers, vereinbart. Eine unermefsliche Beute fiel in des Siegers Hände; die gesamte feindliche Armee wurde in deutsche Kriegsgefangenschaft gesandt [1]); dem Kaiser, der seinen Degen dem Könige von Preufsen zu Füfsen gelegt, wurde die Wilhelmshöhe bei Kassel, dereinst das Lustschlofs seines Onkels Jerome, zum fernern Aufenthalte angewiesen.

[1]) Dieselbe bestand nach den grofsen, auf 30 000 Mann anzuschlagenden Verlusten in den vorausgegangenen Treffen von Beaumont etc. und der Gefangennahme von mehr als 20 000 Mann in der Schlacht von Sedan selbst noch aus 1 Marschall, 39 Generälen, 230 Stabs-, 2095 andern Offizieren. 84 450 Mann (14 000 Verwundete dabei noch ausgenommen). Zur Kriegsbeute gehörten die Adler sämtlicher, die Waffen streckender Regimenter, 70 Mitrailleusen, 350 Feld-, 150 Festungsgeschütze, 10 000 Pferde. Nach der Schlacht wurden noch viele Tausende von Franzosen auf neutralem belgischen Boden, den sie erreicht hatten, entwaffnet. — Niemals, so lange die Weltgeschichte die Thaten der Völker verzeichnet, war eine Kapitulation von gleichem Umfange abgeschlossen worden.

§ 6. Folgen der Schlacht. — Während Napoleon III. als Gefangener bei Verviers die deutsche Grenze überschritt (4. Sept.), teilte der Ministerpräsident Palikao dem gesetzgebenden Körper in Paris die Wahrheit über die Kapitulation von Sedan mit. Alsbald stellte Favre den Antrag, es möge der Kaiser und dessen Dynastie für abgesetzt erklärt, durch die Deputierten des Landes eine Kommission als „Regierung der nationalen Verteidigung" gewählt, der General Trochu aber als Generalgouverneur von Paris bestätigt werden. Nach Wiederaufnahme der für kurze Zeit unterbrochenen Sitzung drangen alsbald Volksmassen in den Saal, welche die Vertreibung der Napoleoniden und Proklamierung der Republik verlangten. Die zurückgebliebene Linke ging auf die Forderungen ein, zog unter Gambettas Führung zum Stadthause, erklärte Frankreich zu einer Republik, teilte dem Lande diesen Beschlufs mit und stellte demselben das mit „militärischen Vollmachten für die Landesverteidigung" bekleidete neue Ministerium vor, in welchem Trochu den Vorsitz führte, Favre und Gambetta aber als Minister des Auswärtigen und des Innern den bedeutendsten Einflufs gewannen.

Schon am 5. Sept. stimmten Lyon, Bordeaux und andere grofse Städte Frankreichs für die Annahme der republikanischen Verfassung. Bezeichnend für die Grundsätze der provisorischen Regierung war indessen die sofortige Ausweisung aller Angehörigen „der mit Frankreich Krieg führenden Staaten" aus den Departements der Seine und Oise, sowie die an die Vertreter Frankreichs bei den neutralen Mächten gerichtete Cirkulardepesche, nach welcher die neue Regierung entschlossen sei, „keinen fufsbreit Landes und keinen Stein der Festungen" abzutreten. Der gesetzgebende Körper wurde aufgelöst, der Senat abgeschafft, die Vorbereitung zur Wahl einer konstituierenden, im Monat Oktober zusammentretenden Nationalversammlung getroffen. — Die aus Paris entkommene Kaiserin Eugenie schiffte sich am 10. Sept. in Ostende nach dem englischen Hafen Hastings ein, wohin ihr Sohn bereits einige Tage früher geflüchtet war.

Mittlerweile waren die deutschen Armeen, welche den Sieg von Sedan errungen, unaufhaltsam gegen Paris vorgerückt. Schon am 5. Sept. war König Wilhelm in Reims eingezogen; am 9. hatte sich die Festung Laon ergeben; am 14. befand sich das Hauptquartier des königlichen Führers in Chateau-Thierry, am 15. in Meaux, vom 20. ab im Schlosse Ferrières. Am 17. lieferte die deutsche Avantgarde den französischen Vorposten bereits mehrere Gefechte im Angesichte der Hauptstadt, welche unglaublich schnell verproviantiert und deren gewaltiger Festungsgürtel neu armiert worden war. Das schon im August aus regulären Truppen neu gebildete Verteidigungskorps des Generals Vinoy hatte sich durch zahlreiche, auf der See entbehrlich gewordene Marinesoldaten, durch algerische Regimenter und einige Hunderttausende Nationalgarden verstärkt, so dafs eine lange Belagerung vorauszusehen war. Am 19. konnte die „erste Festung der Welt" völlig umschlossen werden, nachdem das 2. bayerische Korps in Verbindung mit dem 5. und 6. preufsischen unter dem Oberbefehl des Kronprinzen bei Sceaux drei Divisionen Vinoys hinter die Forts zurückgetrieben hatte. Indessen erkannte die deutsche Heeresleitung sofort, dafs die 150 000 Mann, über welche sie anfänglich gebot, zu einem raschen Vorgehen gegen die grofsartigen Befestigungswerke (Fort Issy, Mont Avron, Mont Valérien etc.) in der Umgebung von Paris nicht zureichten. Vielmehr war eine Verzögerung der Unternehmungen bis zu dem Zeitpunkte dringend erforderlich, in welchem die aufs nachdrücklichste betriebene Belagerung der Festung Metz deren Übergabe herbeigeführt haben werde. Besondere Vorsicht war geboten, seitdem es Gambetta gelungen war, im Namen der Regierungsdelegation in Tours mit einer fast beispiellosen Thatkraft neue Armeen zu bilden und die südlichen und westlichen Departements zum Kampfe für die Befreiung der Hauptstadt aufzurufen. In erstaunlicher Schnelligkeit stand die Loire-Armee gerüstet da, die anfangs unter des Generals Aurelles de Paladine, später unter Chanzys Führung gegen Orleans vorrückte und sich schon in den ersten Tagen des Oktober als eine grofse Gefahr für das deutsche Belagerungsheer erwies. An beiden Ufern der untern Seine, in der Normandie und Picardie, zog sich die Nordarmee, zuerst unter Bourbaki, dann unter Faidherbe zusammen, ebenfalls zu dem Zwecke, der Hauptstadt zu geeigneter Zeit Entsatz zu bieten. Im burgundischen Quellgebiete der Seine und Marne, um Dijon, Chatillon, Autun endlich trieb die Vogesenarmee ihr Wesen, mit welcher sich der am 7. Okt. in Marseille gelandete Garibaldi verband, nachdem der gefeierte Name des alten, diesmal jedoch übel beratenen Republikaners Scharen von Francrtireurs und andern irregulären Truppen unter dessen Fahnen gesammelt hatte.

§ 7. **Der Festungskrieg.** — Unmittelbar nach der Schlacht bei Wörth war General v. Werder mit seinem aus den badischen Truppen, der preufsischen Gardelandwehr und einer Reservedivision gebildeten Korps durch das untere Elsafs auf Strafsburg gezogen, um durch eine nach allen Regeln der Kriegskunst zu bewirkende Belagerung diese urdeutsche Stadt dem Vaterlande wieder zu gewinnen. Bereits am 13. August war dieselbe ringsum eingeschlossen. Die dem Kriegsrechte zuwiderlaufende und aller Drohungen ungeachtet fortgesetzte Beschiefsung der offenen Stadt Kehl führte bald zu dem Bombardement der Festung (24. August), durch welches ihre Erstürmung vorbereitet werden sollte. Mehr und mehr näherten sich die Laufgräben dem Glacis. Um den 20. September wurden mehrere der vor dem Steinthor gelegenen Aufsenwerke genommen; unter dem Hagel feindlicher Geschosse begann demnach eine Batterie Bresche zu schiefsen. Der tapfere Kommandant Uhrich erkannte, dafs jeder weitere Widerstand nutzlos sei; am 27. liefs er darum vom Münsterturme herab die weifse Parlamentärflagge wehen. Sofort wurden die Verhandlungen wegen der Übergabe eröffnet, die in der folgenden Nacht mit der förmlichen Kapitulation endeten. Am 28. Sept., demselben Tage, an welchem dereinst vor 189 Jahren die Ränke Ludwigs XIV. das edle Glied vom deutschen Reiche losgerissen hatten, zogen die Scharen der Sieger in die wiedergewonnene Feste ein. Ihr ruhmreicher Führer folgte ihnen am 30.; der Freudenruf aber: „Strafsburg ist unser! es ist wieder unser!" pflanzte sich durch alle Gauen des Vaterlandes fort und stärkte die Zuversicht auf einen glücklichen Ausgang des blutigen Krieges [1]).

Schon einige Tage früher (23.) hatte sich die Festung Toul dem Grofsherzoge von Mecklenburg-Schwerin ergeben, so dafs die vom Rheine zu den auf Paris marschierenden Heeresmassen führende Hauptstrafse frei geworden war. Mehrere kleinere Festungen folgten nach und nach, während die unter General v. Schmeling neugebildete Reserve-Division durch das obere Elsafs gegen Schlettstadt und Belfort zog, um auch diese festen Plätze dem Feinde zu entreifsen. Andere, durch den Fall von Strafsburg frei gewordene Truppenteile wurden, durch bedeutende Zuzüge verstärkt, zum 14. Armeekorps vereinigt und unter v. Werders Oberbefehl gestellt, dem die mühsame Aufgabe zufiel, die Vogesen, sowie die Thäler und Hochflächen Burgunds von Francticreurs und Garibaldianern zu säubern und sich gleichwohl den Rückzug gegen Belfort offen zu halten. Durch die Schlacht von Gravelotte war Marschall Bazaine gezwungen worden, mit der französischen Hauptmacht hinter den Forts der Festung Metz Schutz zu suchen. Die I. und II. deutsche Armee hatten um dieselbe, wie schon erwähnt, einen sechs Meilen langen Ring zu bilden, zu welchem ihren Führern nach Ausscheidung der neuen IV. Armee noch 7 Korps zur Verfügung standen, nämlich das 1., 2., 3., 7., 9., 10. und das unter dem Grofsherzog von Mecklenburg-Schwerin vom Rheine heranziehende 13. Korps. Die Stellungen wurden zu beiden Seiten der Mosel so trefflich gewählt, dafs der Marschall bis zum Ende des Monats auf jeden Versuch verzichtete, mit dem Hauptteile der eingeschlossenen Truppenmassen durchzubrechen. Als ihm aber der Kriegsplan Mac Mahons bekannt geworden war, suchte er dessen Ausführung durch einen mächtigen Vorstofs zu unterstützen,

---

[1]) Unter Zustimmung aller deutschen Patrioten bemerkte die „Provinzial-Korrespondenz vom 5. Oktbr. 1870: „Im ganzen wunderbaren Verlaufe des Krieges hat keine Siegesnachricht die deutschen Herzen mit solch inniger Freude erfüllt, wie die Kunde von der Einnahme Strafsburgs. — Die Wiedergewinnung dieser Stadt ist im deutschen Volksbewufstsein das Wahrzeichen der Wiedergeburt Deutschlands, der Auferstehung des Volkes zu nationaler Kraft und Macht. Ebenso wie die Losreifsung Strafsburgs vom deutschen Reiche durch französische List die Zeit des tiefsten Verfalles unsres Vaterlandes bezeichnet, so ist durch eine wunderbare Fügung Gottes die Wiedervereinigung der alten deutschen Stadt mit dem neu erstehenden Reiche die erste Bethätigung der geeinigten Volkskraft Deutschlands geworden. — Diese Wiedervereinigung Strafsburgs und der alten deutschen Gaue mit dem neuerstandenen Reiche möge nicht blofs eine Probe und Bewährung des neu erwachten Geistes, sondern für alle Zeiten ein Unterpfand echter deutscher Einheit und nationaler Macht sein!"

indem er die deutschen Streitkräfte zwischen zwei Feuer zu bringen gedachte. Blutige Kämpfe entstanden am 31. August und 1. September vor den nördlichen Thoren von Metz, die in ihrem Zusammenhange als die Schlacht von Noisseville bezeichnet werden. Das Vorhaben des Gegners konnte nicht zur Ausführung gebracht werden; General v. Manteuffel schlug vielmehr mit seinem 1. Armeekorps, der Division Kummer und andern Abteilungen die in unübersehbaren Zügen ausfallenden Franzosen immer aufs neue mit unwiderstehlicher Tapferkeit zurück. Am Schlusse des gewaltigen Ringens schien das Schicksal der Feste Metz ebenso fest besiegelt zu sein, wie das der Armee Mac Mahons bei Sedan. Trotzdem hatte das Heer der Belagerer, über welches seit der Ernennung des Generals v. Steinmetz zum Gouverneur von Posen (13. Sept.) Prinz Friedrich Karl allein den Oberbefehl führte, unter ungeheuren Strapazen auf einem Boden, der durch nicht enden wollende Regengüsse völlig durchweicht war, noch über acht Wochen hindurch Tag und Nacht die Wache zu halten, um zu allen Ausfällen der Franzosen gerüstet zu sein. Der letzte derselben fand am 7. Oktober gegen die Stellung statt, in welcher sich auf dem linken Ufer der Mosel, bei Woippy, die Division Kummer geborgen hatte. Aber auch hier that die brave Landwehr ihre volle Schuldigkeit. Durch Abteilungen der benachbarten Armeekorps unterstützt, hielt sie tapfer Stand und warf schliefslich den Feind mit grofsen Verlusten unter die Mauern der Festung zurück. Letzterer erkannte, dafs er von seinem Verhängnis ereilt sei. Die Verhandlungen, welche Bazaine durch den General Bocher zu Versailles, in der unmittelbaren Umgebung des Königs, angeknüpft hatte, um, wie angenommen wurde, im Interesse des gestürzten Kaisers zu einer billigen Übereinkunft zu gelangen, blieben ohne Erfolg. Im Innern der für eine überstarke Besatzung nicht vorgesehenen Festung steigerte sich der Mangel von Tag zu Tage, bis endlich alle Vorräte erschöpft waren. Am 25. Okt. wurde die Kapitulation durch die Unterredung des Generals Changarnier mit dem Prinzen Friedrich Karl vorbereitet; die durch v. Stiehle und Jarras festgesetzten Bedingungen der Übergabe wurden am 27. vollzogen. Das sämtliche in der Festung vorhandene Kriegsmaterial fiel in des Siegers Hände; die Rheinarmee, die stärkste, über welche Frankreich bis dahin noch geboten, mufste die Waffen strecken und hörte auf zu existieren, — von der wackern Landwehrdivision Kummer geleitet, zog sie nach Deutschland in die Gefangenschaft [1]).

---

[1]) Aus der Proklamation des Prinzen Friedrich Karl an die Soldaten der I. und II. Armee: „Ihr habt den Feind 70 Tage in Metz umschlossen, 70 lange Tage! — Heute endlich hat die besiegte Armee von noch voll 173 000 Mann, die beste Frankreichs, über 5 ganze Armeekorps, darunter die Kaisergarde mit 3 Marschällen von Frankreich, mit über 50 Generalen und über 6000 Offizieren kapituliert, und mit ihr Metz, das niemals zuvor genommen. Mit diesem Bollwerk, das wir Deutschland zurückgeben, sind unermefsliche Vorräte an Kanonen, Waffen und Kriegsgerät dem Sieger zugefallen. Diesen blutigen Lorbeer, Ihr habt ihn gebrochen durch Eure

§ 8. **Der Seekrieg.** — Auf die Verstärkung der französischen Flotte hatte Napoleons III. Regierung ihr besonderes Augenmerk gerichtet und derselben ein solches Übergewicht über die noch in ihren Anfängen verbliebene norddeutsche Flotte verliehen, dafs beim Beginn des Krieges die Befürchtung gerechtfertigt erschien, es müsse ein bedeutender Teil der deutschen Streitkräfte zum Schutze der Nord- und Ostseegestade verwandt oder dazu bestimmt werden, Dänemark, welches unter dem Schutze der französischen Schiffe seinem Rachegefühl freien Lauf zu lassen gedachte, im Schach zu halten. Indessen blieben die Unternehmungen des Viceadmirals Bouet-Villaumez ohne nennenswerten Erfolg [1]). Schon zu einer ernstlichen Bedrohung des Jadebusens konnte es teils wegen der Unsicherheit der vorliegenden Gewässer, teils wegen des durch Strandbatterieen, Torpedos und die „freiwillige Seewehr" bewerkstelligten Schutzes der Häfen nicht kommen. Die letztere war durch den zum General-Gouverneur der nordwestlichen Küstenlande ernannten General Vogel v. Falckenstein vorzüglich eingerichtet worden und löste ihre Aufgabe in ausgezeichneter Weise. Ebenso vergeblich erwies sich die Blockade der wichtigsten Handelshäfen und der Küste Holsteins, Mecklenburgs und Pommerns, während freilich der Verkehr Norddeutschlands durch die Aufbringung zahlreicher Kauffahrer eine empfindliche Einbufse erlitt. Zur Erreichung dieses Zweckes kreuzte Admiral Faurichon schliefslich vor den Mündungen der Ems, Weser und Elbe, bis im Dezember die französische Regierung, welche schon vorher der Marinetruppen und Geschütze zur Verstärkung ihrer Landmacht nicht hatte entbehren können, die gesamte Flotte nach Cherbourg und Brest zurückrief. — Da die gröfseren preufsischen Kriegsschiffe sich vorsichtigerweise in ihren Landungsplätzen zurückhielten, so wurde jedes gröfsere Seegefecht vermieden; einzelne Kanonenboote aber kämpften vor Weichselmünde, bei Rügen und selbst im fernen Hafen der Havannah kühn und tapfer gegen die feindliche Übermacht.

Dänemark aber war durch die gewaltigen Siege, welche die deutsche Landarmee errungen hatte, zur Klugheit zurückgeführt worden. Es steckte das Schwert, welches eben gezückt werden sollte, wieder in die Scheide und verhielt sich während des gesamten Restes der Kriegsperiode völlig ruhig.

§ 9. **Vorläufige Waffenstillstands- und Friedensverhandlungen.** — Nach dem Sturze der kaiserlichen Regierung in Frankreich beauftragte die Regierung der nationalen Verteidigung den erfahrensten und umsichtigsten Staatsmann des Landes, Thiers, mit der

---

Tapferkeit in der zweitägigen Schlacht bei Noisseville und in den Gefechten um Metz, die zahlreicher sind, als die es rings umgebenden Örtlichkeiten, nach denen Ihr diese Kämpfe benennt." —

[1]) Beim Beginn des Krieges befand sich Prinz Adalbert, der Admiral der norddeutschen Flotte, mit einem Teile derselben zum Zwecke einer Übungsfahrt im atlantischen Ocean. Es gelang ihm indessen, die Schiffe von Plymouth aus nach Wilhelmshafen in Sicherheit zu bringen.

Ausführung einer Rundreise an die Höfe der neutralen Mächte, um diese zur Verwendung im französischen Interesse zu veranlassen. Derselbe fand indessen, so eifrig auch Graf Beust in Wien seine Bestrebungen unterstützte, nur wohlwollende Teilnahme an dem Schicksal seines Landes, nicht aber die Zusage thatkräftiger Hülfe. Demnach entschloſs sich Favre, der Minister des Auswärtigen, selber, mit dem deutschen Kanzler in Verbindung zu treten. Die Besprechung erfolgte am 19. September in dem Schlosse Ferrières, in welches das Hauptquartier des Königs in diesen Tagen verlegt worden war. Indessen scheiterte dieselbe an der Kühnheit, mit welcher Favre dem königlichen Versprechen, daſs der Krieg nicht dem französischen Volke gelten solle, eine falsche Deutung zu geben wagte, sowie an der hartnäckigen Verteidigung des Programmes der provisorischen Regierung: **Keinen Fuſsbreit Landes, keinen Stein der Festungen den Feinden;** auch Toul und Straſsburg nicht! — Graf Bismarck vertrat dagegen mit allem Nachdruck die Anschauungen, welche er wenige Tage vorher in zwei denkwürdigen Cirkularschreiben an die Gesandten Preuſsens bei den neutralen Höfen entwickelt hatte[1]) und von denen ihn in bezug auf Straſsburg und Metz weder die flehentlichen Bitten des Unterhändlers, noch die Berufungen seiner Genossen in Paris auf das strafende Urteil der Geschichte über die an Frankreichs „geheiligtem Boden sich vollziehende Barbarei" abzubringen vermochten.

Bescheidener trat Thiers in den Verhandlungen mit dem Kanzler auf, zu denen sich derselbe am 6. Oktober im Hauptquartier zu Versailles eingefunden hatte, nachdem er nicht bloſs durch die Delegation von Tours, sondern auch durch den Pariser Zweig der provisorischen Regierung zu deren Führung autorisiert worden war. Durch seine Reise um manche Hoffnung ärmer geworden, hatte er neuerdings erfahren müssen, daſs die Neutralen auf Englands Anregung der französischen Republik geradezu den Rat erteilten, eine mehrwöchentliche Waffenruhe in Antrag zu bringen, um die Herstellung **geordneter Verhältnisse in der Regierung des Landes** zu ermöglichen. Ein Waffenstillstand von 25 bis 28 Tagen unter Beibehaltung des status quo hinsichtlich aller militärischen Beziehungen sollte zugestanden werden, ebenso die freie Wahl zu der **Nationalversammlung**,

---

[1]) „Wir sind gezwungen, materielle Bürgschaften für die Sicherheit Deutschlands gegen Frankreichs künftige Angriffe zu erstreben, Bürgschaften zugleich für den europäischen Frieden, der von Deutschland eine Störung nicht zu befürchten hat. — An die ernstliche Absicht der jetzigen Pariser Regierung, dem Kriege ein Ende zu machen, können wir nicht glauben, so lange dieselbe im Innern fortfährt, durch ihre Sprache und ihre Handlungen die Volksleidenschaft aufzustacheln und jede für Deutschland annehmbare Basis als für Frankreich unannehmbar im voraus zu verdammen. — Die einmütige Stimme der deutschen Regierungen und des deutschen Volkes verlangt, daſs Deutschland gegen die Bedrohungen und Vergewaltigungen, welche von allen französischen Regierungen seit Jahrhunderten gegen uns geübt wurden, durch bessere Grenzen als bisher geschützt werde."

welche bestimmt war, während der Ruhezeit zusammen zu treten und über die Verfassung und den Frieden des Landes zu beraten, — selbst in allen okkupierten Provinzen; die noch weiter gestellte, auf die Verproviantierung von Paris hinzielende Forderung wurde indessen als eine der Lage durchaus nicht entsprechende, ja unerhörte nachdrücklich abgewiesen. So blieb auch diese Besprechung ohne weitere Folgen, zumal da sich herausstellte, dafs die Pariser Regierungsmitglieder nicht mehr frei zu handeln vermochten, sondern dem Einflusse der Radikalen verfallen waren, und da bekannt geworden war, dafs Gambetta eben an diesem 6. Oktober in einem Ballon gleichsam über die Häupter der in Versailles versammelten Diplomaten hinweg nach Tours entwichen war, um den Kampf „des unbezwingbaren Frankreichs gegen die nordischen Barbaren", den „Krieg bis aufs Messer" zu organisieren. — So mufste dem furchtbaren Werke der Waffen auch in dem beginnenden Winter freier Lauf gelassen, die Demütigung des mit Blindheit geschlagenen Feindes bis zum äufsersten fortgesetzt werden.

§ 10. **Der Kampf gegen die Heere der Republik.** — Eben zur rechten Zeit war das Heer der Belagerer von Metz zu andern Unternehmungen frei geworden. Namentlich mufste vom November ab der in bedenklicher Stärke nach Norden vorrückenden französischen Loirearmee kräftiger Widerstand geleistet werden, wenn die gegen die Hauptstadt gerichteten Operationen der deutschen Truppen ihren ungehemmten Verlauf nehmen sollten. Schon in den ersten Tagen des November war das 1. bayerische Korps (v. d. Tann) nebst zwei preufsischen Divisionen von der vor Paris liegenden Armee abgesondert und gegen Orleans entsendet worden. Wohl trieb der tapfere Führer dieser Schar die schon an der Strafse nach Paris (bei Artenay) aufgestellten Franzosen zurück und erstürmte am folgenden Tage (10. Oktbr.) die rechts von der Loire gelegenen Vorstädte von Orleans, während die preufsische Division Wittich samt den vom Prinzen Albrecht von Preufsen (Vater) geführten Kavallerieregimentern weiter nach Westen und Nordwesten zogen, um Chateaudun und Chartres zu besetzen. Auf die Dauer war das Korps der Bayern jedoch der bedeutenden französischen Übermacht nicht gewachsen. General v. d. Tann sah sich nicht allein genötigt, Orleans wieder aufzugeben, sondern nach dem Treffen bei Coulmiers (9. Nov.) noch weiter zurückzugehen, um bei Toury die Verbindung mit der Division Wittich herzustellen.

Schon während dieser Kämpfe, sowie der bald darauf (17. Nov.) folgenden Gefechte bei Dreux, in geringer Entfernung von Versailles, gegen eine sich unter Kératry bildende Westarmee lenkten sich die Blicke der deutschen Heerführer verlangend nach Metz, von wo allein der ausreichende Beistand zu erwarten war. Unmittelbar nach dem Fall der Festung marschierte darum Prinz Friedrich Karl mit dem 3., 9. und 10. Korps seiner II. Armee (das 2. sollte zur Verstärkung des Belagerungsheeres vor Paris dienen) in Eilmärschen über Troyes auf die mittlere Loire zu, um dort die Führung zu übernehmen, während

General v. Manteuffel mit dem Hauptteile der seitherigen I. Armee (dem 1. und 8. Korps[1]) nach Norden entsandt wurde, um dem Vordringen Faidherbes von Lille über Amiens entgegen zu treten.

So beginnt mit dem Anfang des November die noch drei Monate andauernde, die Strapazen der deutschen Krieger bis zum äufsersten steigernde Periode der Kämpfe gegen die Entsatzheere, welche die Regierung der nationalen Verteidigung, insbesondre Gambetta, rings um Paris auszurüsten verstanden hatte. Noch folgte ein Gefecht, ein Treffen auf das andere, aber auch ein Sieg auf den andern! Und doch vermochte das beispiellos erschöpfende Ringen auf beiden Seiten an dem Ergebnisse des Krieges nichts mehr zu ändern, das schon nach der Schlacht bei Sedan und zumal nach der Eroberung von Metz feststand[2]). Es konnte nur noch dazu dienen, den in ihrer

---

[1]) Das 7. (westfälische) Korps unter v. Zastrow hatte Metz zu besetzen und die Belagerung zahlreicher fester Plätze an der französischen Nordgrenze zu übernehmen (Thionville, Longwy, Mézières etc.), welche sich allmählich ergeben mufsten.

[2]) Dem besondern Zwecke der gegenwärtigen Darstellung entsprechend, beschränken wir uns aus diesem Grunde auf eine kurze Übersicht dieser Ereignisse. Aus dem Monat Oktober sind den obigen Angaben noch folgende nachzutragen:

4. bis 6. Siegreiche Gefechte badischer Truppen (v. Degenfeld), der 15. Kavalleriebrigade (Ob. v. Alvensleben) etc. bei Champenay, Epernon, Pacy u. s. f. gegen Teile der Vogesenarmee und Franctireurs. — 9. Einschliefsung von Neubreisach und Schlettstadt. — 12. Anfang der Belagerung von Soissons; 13. von Verdun. — 14. Garibaldi in Besançon. — 16. Soissons kapituliert; Einzug des Grofsherzogs von Mecklenburg-Schwerin. — 18. Erstürmung von Chateaudun durch die 22. Division. — 28. Eroberung von Le Bourget nördlich von Paris durch die Besatzung; 30. die letztere wird durch die 2. Gardedivision wieder vertrieben. — 31. Besetzung von Dijon durch Gen. v. Beyer.

Aus dem November: 2. Neubreisach wird beschossen; 3. die Einschliefsung von Belfort begonnen. 7. Gen. v. Manteuffel marschiert von Metz nach dem Norden Frankreichs ab; 8. Kapitulation von Verdun. — 18. Gefecht bei Chateauneuf. 24. Nach weiteren Gefechten des 10. deutschen Armeekorps gegen den rechten Flügel der Loirearmee Rückzug der Franzosen in den Wald von Orleans. — 28. Treffen bei Beaune la Rolande; Sieg des 10. Armeekorps unter General v. Voigts-Rhetz.

24. Gen. v. Manteuffel erreicht bei Quesnel und Mézières die Avantgarde der französischen Nordarmee. 27. Schlacht bei Amiens; Rückzug des Generals Farre zwischen die Festungen im Norden; 28. Besetzung von Amiens.

10. Kapitulation von Neubreisach. 23. Belfort völlig eingeschlossen; 24. Diedenhofen kapituliert.

28. Besetzung des Mont Avron durch die Besatzung von Paris; 29. Ausfall derselben gegen die Stellung des 6. Armeekorps; am 30. gegen die Südostfront; die Franzosen behaupten Brie und Champigny.

Dezember: 2. Gefechte des Prinzen Friedrich Karl gegen Gen. d'Aurelle um Orleans. 3. Rückzug der Franzosen auf Orleans; 4. Teilung ihrer Armee; Bourbaki zieht mit der östlichen Hälfte die Loire aufwärts, Chanzy mit der westlichen abwärts. 5. Prinz Friedrich Karl besetzt Orleans. Die Delegation der Regierung in Tours verlegt ihren Sitz nach Bordeaux. — 8. Der Grofsherzog v. Mecklenburg siegt bei Beaugency;

grenzenlosen Ehrsucht verblendeten Männern, die sich an die Spitze Frankreichs emporgeschwungen hatten, über die entsetzliche Lage des Landes die Augen zu öffnen.

§ 11. Erneuerung des deutschen Reiches; Ausrufung des Königs von Preufsen zum erblichen deutschen Kaiser.

— Die durch einmütiges Streben und Handeln errungenen herrlichen Siege, an deren Erkämpfung die Stämme diesseit und jenseit des Mainflusses gleichen Anteil genommen, hatten aufs nachdrücklichste in die Erinnerung zurückgerufen, was lange in Vergessenheit geraten war: dafs Deutschland stark sei, wenn es einig sei. Wunderbar rasch verbreitete sich darum unter den Kriegern auf dem Felde der Ehren, wie unter den Daheimgebliebenen der Gedanke, dafs die Trennung des Südens von dem Norden aufhören, die gegenseitige Eifersucht schwinden müsse, damit die Deutschen von den Alpen bis zum Meere sich fortan als ein „einiges Volk von Brüdern" fühlen möchten. Auch die Regierungen der süddeutschen Staaten erkannten schon gleich nach der Schlacht bei Sedan an, dafs ihnen zur

---

Chanzy zieht sich auf Vendôme zurück. 13. Prinz Friedrich Karl dringt nach; er wirft am Loir (15.) Chanzy auf Le Mans zurück, besetzt am 16. Vendôme und nimmt vom 19. ab Stellung bei Orleans. — Weitere Kämpfe um Vendôme.
1. Marsch Manteuffels auf Rouen; 6. Besetzung dieser Stadt; am 9. die von Dieppe. 22. Schlacht an der Hallue gegen Faidherbe. 28. Kämpfe bei Louppré.
3. Belfort wird beschossen. 12. Kapitulation von Pfalzburg; 13. von Montmédy. — 18. Gefecht der badischen Division (v. Glümer) gegen Gen. Cremer bei Nuits unweit Dijon.
2. Kämpfe der Sachsen und Württemberger, unterstützt vom 2. und 6. Korps, gegen die Ausfallarmee der Pariser bei Brie und Champigny; 3. Rückzug der letztern auf das rechte Ufer der Marne. — 21. Ausfall gegen das Gardekorps und die Sachsen. 27. Anfang des Artillerieangriffs auf Paris; Beschiefsung und (am 29.) Besetzung des Mont Avron durch die Sachsen.

Januar: 5. Prinz Friedrich Karl dringt gegen Le Mans vor; 6.—12. Kämpfe gegen Chanzy, welcher zurückgedrängt und schliefslich völlig besiegt wird. 16. Gen. v. Hartmann besetzt Tours.
2., 3. Schlacht bei Bapaume; Gen. v. Goeben wirft Faidherbe zurück. 9. Kapitulation von Péronne. 19. Schlacht bei St. Quentin; Gen. v. Goeben schlägt Faidherbe.
9. Gen. v. Werder verhindert durch das Treffen von Villersexel Bourbakis Vormarsch gegen Belfort. — 15.—17. Schlacht bei Belfort: Kämpfe an der Lisaine zur Deckung der Festung. 18. Bourbaki zieht sich auf Besançon zurück; 29. Gen. v. Manteuffel drängt die französische Avantgarde bei Pontarlier zurück; Bourbaki sieht sich gezwungen, mit der gesamten, 84000 Mann starken Ostarmee auf schweizerisches Gebiet überzutreten (1. Febr.).
2. Kapitulation von Mézières; 25. von Longwy.
5. Anfang des Artillerieangriffs auf die Südfront von Paris; 8. Beginn des Bombardements. — 10. Ausfall der Pariser gegen Clamart; 13. gegen Meudon, Le Bourget etc.

fernern Sicherung ihrer Staatsangehörigen die Verpflichtung obliege, einen **engern Anschluſs an den norddeutschen Bund zu erwirken, den Main zu überbrücken.** Bald entsandten sie ihre Bevollmächtigten in das Hauptquartier des Bundesfeldherrn, um dieserhalb mit dem Grafen Bismarck in Verhandlungen zu treten. Bayern, durch den Minister Delbrück als Präsidenten des Bundeskanzleramtes vorbereitet, drängte vor allem zum Abschluſs des Bündnisses, der denn auch so zeitig erfolgte, daſs schon am 24. November die auſserordentliche Session des Reichstages beginnen konnte, in welcher bei diesem letztern die Genehmigung der Verträge eingeholt werden sollte. Noch aber waren die Beratungen nicht zu ihrem Ende gelangt, als jenes denkwürdige Schreiben des **Königs von Bayern** an den Bundespräsidenten erging, in welchem derselbe ersucht wurde, **die Erneuerung des deutschen Reiches unter einem Kaiser mit erblicher Würde als sein Recht in Anspruch zu nehmen** und solches zur Ausführung zu bringen. Freudig stimmten nicht bloſs die deutschen Fürsten und Vertreter der freien Städte, sondern auch der Reichstag bei, welcher durch eine Deputation unter Führung des Präsidenten Simson in einer Adresse noch besonders die Bitte vortrug, „es möge Sr. Majestät gefallen, **durch Annahme der deutschen Kaiserkrone das Einigungswerk zu weihen**".

Die Verträge, von deren Vollziehung der König von Preuſsen seine Zustimmung abhängig gemacht hatte, wurden noch im Dezember durch die Landtage der süddeutschen Staaten genehmigt. Nur der Beitritt Bayerns wurde erst später ausgesprochen, da in diesem Königreiche eine starke Partei lange widerstrebte. Erst durch das **Zugeständnis einer bevorzugten Stellung im Reiche für den** mächtigsten deutschen Staat nächst Preuſsen konnte das Hindernis schlieſslich beseitigt werden. Indessen wurde unter dem Vorbehalte endgültiger Feststellung der bayerischen Reservatrechte schon am 31. Dezember 1870 die für das neue deutsche Reich vereinbarte Verfassung veröffentlicht, welche somit beim Beginn des neuen Jahres in Wirksamkeit treten konnte. Die **Annahme der „auf dem Schlachtfelde errungenen"** Kaiserkrone, die Kundmachung der neuen Kaiserwürde sollte nach dem Willen des Königs Wilhelm an dem **denkwürdigen Jahrestage der Krönung des ersten Königs in Preuſsen** erfolgen. Im Prunksaale des Schlosses Ludwigs XIV. zu Versailles, inmitten einer glänzenden Versammlung von Fürsten und andern Vertretern deutscher Staatsgewalten, insbesondre der siegreichen Armee, sollte sich demnach am 18. Januar erfüllen, was seit länger als einem Jahrhundert von den Edelsten unsres Volkes immer heifser ersehnt worden war. König Wilhelm von Preufsen erklärte sich zur Annahme der ihm angetragenen Kaiserkrone bereit und verlas unter freudigster Bewegung aller Zuhörer die von der Begründung des neuen deutschen Reiches handelnde Urkunde. Lauter Jubelruf erscholl durch den weiten, mit den Fahnen aller deutscher Staaten als Sinnbildern der vollzogenen Einigung geschmückten weiten Raum, der sich nur noch steigerte, als der Kanzler die herrliche Proklamation[1]) verkündete, durch welche die Deutschen im Westen und Osten, von den Alpen bis zum Meere erfahren sollten, dafs **König Wilhelm von Preufsen für sich und die Erben seiner Krone die in den Zeiten der Schmach erloschene Kaiserwürde wieder hergestellt habe** und ihr unter dem Beistande des allmächtigen Gottes zu neuen Ehren verhelfen wolle.

§ 12. Die Kapitulation von Paris. — „Alle Versuche des Feindes, die Cernierungslinie von Paris zu durchbrechen, sind mit Entschiedenheit zurückgewiesen worden, oft zwar mit blutigen Opfern, wie bei **Champigny** und bei **Le Bourget**, aber auch mit einem Heldenmute, wie ihr ihn überall beweiset. Die Armee'n des Feindes, welche

---

[1]) „Wir Wilhelm, von Gottes Gnaden König von Preufsen: Nachdem die deutschen Fürsten und freien Städte den einmütigen Ruf an uns gerichtet haben, mit Herstellung des deutschen Reiches die seit mehr denn sechzig Jahren ruhende deutsche Kaiserwürde zu erneuern und zu übernehmen, und nachdem in der Verfassung des deutschen Bundes die entsprechenden Bedingungen vorgesehen sind, bekunden hiermit, dafs Wir es als eine Pflicht gegen das gemeinsame Vaterland betrachtet haben, diesem Rufe der verbündeten deutschen Fürsten und Städte Folge zu leisten und die deutsche Kaiserwürde anzunehmen. Demgemäfs werden Wir und Unsere Nachfolger an der Krone Preufsen fortan den Kaiserlichen Titel in allen Unseren Beziehungen und Angelegenheiten des deutschen Reiches führen, und hoffen zu Gott, dafs es der deutschen Nation gegeben sein werde, unter dem Wahrzeichen ihrer alten Herrlichkeit das Vaterland einer segensreichen Zukunft entgegen zu führen. Wir übernehmen die Kaiserliche Würde in dem Bewufstsein der Pflicht, in deutscher Treue die Rechte des Reichs und seiner Glieder zu schützen, den Frieden zu wahren, die Unabhängigkeit Deutschlands, gestützt auf die geeinte Kraft seines Volkes zu verteidigen. Wir nehmen sie an in der Hoffnung, dafs dem deutschen Volke vergönnt sein wird, den Lohn seiner heifsen und opfermutigen Kämpfe in dauerndem Frieden und innerhalb der Grenzen zu geniefsen, welche dem Vaterlande die seit Jahrhunderten entbehrte Sicherung gegen erneute Angriffe Frankreichs gewähren. **Uns aber und Unsern Nachfolgern an der Kaiserkrone wolle Gott verleihen, allezeit Mehrer des deutschen Reichs zu sein, nicht an kriegerischen Eroberungen, sondern an den Gütern und Gaben des Friedens auf dem Gebiete nationaler Wohlfahrt, Freiheit und Gesittung.**"

von allen Seiten zum Entsatz von Paris heranrückten, sind sämtlich geschlagen. Unsere Truppen, die zum Teil noch vor wenigen Wochen vor Metz und Strafsburg standen, sind heute schon über Rouen, Orleans und Dijon hinaus." In diesen Worten der Dankes-Proklamation an sein unvergleichlich tapferes Heer hatte König Wilhelm Ende 1870 die Ergebnisse der die letzten Monate füllenden Kämpfe rings um die feindliche Hauptstadt zusammengefafst. Die Besetzung des Mont Avron, das am 5. Januar eröffnete, äufserst wirksame Feuer auf die Südfront, dem sich nach wenig Tagen auch schon der ganze südliche Teil der eigentlichen Stadt ausgesetzt sah, und einige andere, gleichzeitig eingetretene Ereignisse liefsen in den Bewohnern derselben zum erstenmal und allzuspät die Ahnung aufkommen, dafs die furchtbaren Opfer, welche sie in stolzer Entsagung und bewundernswerter Ausdauer dargebracht, vergeblich gewesen sein möchten[1]). Auf den Durchbruch des inzwischen schon weit zurückgedrängten Generals Chanzy mit Sicherheit rechnend, sammelte Trochu am 19. Januar, dem Tage nach der Proklamation des deutschen Kaiserreichs, noch einmal die Kriegsscharen der Belagerten; es schien, als wolle er dem Unmut Frankreichs über den Eintritt desjenigen Ereignisses zornigen Ausdruck geben, in welchem der Sieg Deutschlands über seinen Erbfeind am glänzendsten in die Erscheinung getreten war. Unter den Augen des in Marly weilenden deutschen Kaisers, unterstützt durch die vom Mont Valérien herabdonnernden Kanonen, fielen die französischen Scharen mit dem Mute der Verzweiflung über das V. deutsche Armeekorps her; indessen hielt dieses Stand gegen die ungeheure Übermacht des Feindes, der endlich gezwungen war, sich unter die Mauern der benachbarten Feste zurückzuziehen. Zu einer Wiederholung des Angriffs konnte Trochu sich um so weniger entschliefsen, da ihm nun auch Chanzys Niederlage bekannt geworden war und die von den Deutschen aufgeworfenen Batterieen im Norden den Forts von St. Denis, im Osten denen von Vincennes bereits drohend gegenüber standen. Das am 21. Januar auch auf diesen Punkten beginnende Bombardement verbreitete neuen Schrecken unter der Bevölkerung von Paris bis in die Arbeitersitze hinein. Näher und näher trat die Gefahr entsetzlicher Hungersnot; endlich wurde festgestellt, dafs der Rest von Lebensmitteln nur noch für wenige Tage ausreiche. Der Augenblick war gekommen, in welchem die „Hauptstadt

---

[1]) Kühl und nachdrücklich trat Graf Bismarck denen, welche um der allgemeinen menschlichen Kultur willen das Aufgeben der Belagerung von Paris begehrten, mit den treffenden Worten entgegen: „Dafs die von uns lebhaft beklagten Vorfälle in einer Stadt wie Paris in gröfserm Mafsstabe, als in andern Festungen mit einer Belagerung verbunden sein müssen, hätte von der Befestigung oder von hartnäckiger Verteidigung derselben abhalten sollen. Aber keiner Nation kann gestattet werden, ihre Nachbarn mit Krieg zu überziehen und im Laufe desselben ihre Hauptfestung durch Bezugnahme auf die dort wohnenden unbewaffneten und neutralen Einwohner und auf die vorhandenen Hospitäler schützen zu wollen, in deren Mitte die bewaffneten Heere nach jedem Angriff ihre Deckung suchen und sich zu neuen Angriffen rüsten können."

der Welt" ihre Unterwerfung erklären und dem Gebote des unbeugsamen Siegers folgen mufste.

Am 23. Januar erschien J. Favre im kaiserlichen Hauptquartier zu Versailles, um die Verhandlungen wegen der Übergabe zu eröffnen. Dieselben nahmen einen raschen Fortgang, da innerhalb der Mauern von Paris schon der wilde Aufruhr sein Haupt erhob. Am 26. erklärten die gemäfsigten Mitglieder der Regierung ihre Zustimmung zu den getroffenen Verabredungen, so dafs für die folgende Nacht das Feuer der Geschütze, welches bis dahin Tod und Verderben selbst bis in die innersten Strafsen der Stadt getragen, eingestellt werden konnte. Am Abend des 28. Januar wurde die **Kapitulation vollzogen**, durch welche die **französischen** Linientruppen und Mobilen nach dem Verluste ihrer Waffen für kriegsgefangen erklärt wurden. Für Paris wurde die Zahlung einer Kriegskontribution von 200 Mill. Franks vor Ablauf von 14 Tagen festgesetzt; die deutsche Heeresleitung leistete dagegen das Versprechen, bei der Erneuerung der Vorräte von Lebensmitteln für die Bewohner der Hauptstadt hülfreiche Hand zu bieten[1]. — Mit der Kapitulation war zugleich der Abschlufs eines **Waffenstillstandes** verbunden, der in der Hauptstadt sofort, in den Departements nach drei Tagen seinen Anfang nehmen und bis zum 19. Februar andauern sollte; nur die Belagerung von **Belfort** und die mit derselben im Zusammenhang stehenden militärischen Aktionen innerhalb der anstofsenden Departements sollten bis zu weiteren Festsetzungen ungehindert fortschreiten. Als ein Hauptzweck der Waffenruhe wurde die Wahl von Vertretern des Volkes zu einer **Nationalversammlung** bestimmt, die in Bordeaux zusammentreten und über Krieg und Frieden beschliefsen sollte. — Schon am 29. Januar gelangten die Pariser Forts in deutsche Hände, so dafs der Kaiser in dem erhebenden Bewufstsein, ein schwerwiegendes Pfand für den baldigen Abschlufs des Friedens in Händen zu haben, der Kaiserin die Botschaft senden konnte: „Von unsern Belagerungs-Batterieen sah ich **die preufsische Fahne auf Issy flattern!"**

§ 13. Der Waffenstillstand. — Nach der Übergabe der Hauptstadt zeigten diejenigen Mitglieder der französischen Regierung, welche bis dahin in derselben eingeschlossen gewesen waren, das aufrichtige Bemühen, den Waffenstillstand zu dem Zwecke zu benutzen,

---

[1] **Der Kaiser an die Kaiserin**, Versailles am 29. Januar: „Am Abend des gestrigen Tages ist ein dreiwöchentlicher Waffenstillstand unterzeichnet worden. Linie und Mobile werden kriegsgefangen und in Paris interniert. *Garde nationale sédentaire* übernimmt die Aufrechthaltung der Ordnung. Wir besetzen alle Forts, Paris bleibt cerniert und darf sich verpflegen, wenn die Waffen ausgeliefert sind. Eine Konstituante wird nach Bordeaux in vierzehn Tagen berufen. Die Armee'n im freien Felde behalten ihre bez. Landstrecken besetzt mit Neutralitätszonen zwischen sich. — Dies ist der erste segensvolle Lohn für den Patriotismus, den Heldenmut und die schweren Opfer. Ich danke Gott für diese neue Gnade; möge der Friede bald folgen!"

zu welchem er abgeschlossen war: zur Beruhigung des Landes und zur Einsetzung einer festen Regierung durch eine aus freier Wahl hervorgegangene Versammlung von Abgeordneten des Landes. Dagegen gab Gambetta, das Haupt der ehemals in Tours tagenden Delegation, die deutliche Absicht zu erkennen, den Krieg auf eigene Faust fortzusetzen und durch einen neuen, an die südwestlichen Departements gerichteten Aufruf die Pläne seiner Pariser Genossen zu durchkreuzen. Es bedurfte eines energischen Auftretens des Grafen Bismarck, um durch Vermittlung Favres den Unbesonnenen in seine Schranken zurückzuweisen; — als derselbe erkannte, dafs er sich in seinem Urteil über die Gefühle des Landes getäuscht habe, trat er aus der provisorischen Regierung aus. Eine weitere Störung des Wahlgeschäftes war nicht mehr zu befürchten, und es hatte dasselbe einen den Wünschen der Friedenspartei im Volke entsprechenden Erfolg.

Gleich nach dem Zusammentritt des Parlamentes erklärte Jules Favre den Rücktritt der provisorischen Regierung. Thiers war der einzige Vertreter des Volkes, welcher der Lage gewachsen schien; ihm wurde darum die Befugnis verliehen, ein neues Ministerium zu bilden und an dessen Spitze die Geschicke des zu Boden gesunkenen Landes zu leiten. In einer ergreifenden Rede wies der alte Staatsmann nach, dafs das erste Bedürfnis Frankreichs der Abschlufs des Friedens, die Befreiung des Landes von den fremden Heeren sei; erst nach Wiederherstellung des Friedens lasse sich die Umgestaltung der Verfassung, die Hebung der Arbeit, die Wiederbegründung des Vertrauens in die Hand nehmen. Sich selbst beklagte er aufs tiefste um der „schmerzlichen Aufgabe" willen, welche ihm auferlegt sei in einer Zeit des Unglücks, das gröfser erscheine, als zu irgend einer Epoche der Geschichte Frankreichs. Selbst die schwersten Opfer, die Abtretung einzelner Provinzen, werde er zu tragen haben.

In der That mufsten die französischen Unterhändler schon gleich beim Beginn der Verhandlungen erkennen, dafs der Fortgang des Krieges in den südöstlichen Departements während der allgemeinen Ruhe, die glänzende Waffenthat v. Werders, durch welche er seine Stellung vor Belfort behauptete, der beispiellos kühne Zug v. Manteuffels, des Oberbefehlshabers der deutschen Südarmee, gegen die Scharen Bourbakis von Chatillon bis tief in den Jura hinein, das „schreckliche Schauspiel" des Übertritts von mehr als 80 000, noch zuletzt bei Pontarlier geschlagenen Franzosen, unter denen die Bande der Disciplin völlig gelockert waren, auf den neutralen Boden der Schweiz die Lage Frankreichs in bezug auf den Friedensschlufs bedeutend verschlimmert habe. Ihre fortgesetzten Einwände hatten wohl die Verlängerung des Waffenstillstandes über den 19. Februar hinaus (schliefslich bis zum 26.) zur Folge; eine weitere Beachtung derselben konnten sie indessen nicht erwarten, als nun endlich auch noch die seit drei Monaten belagerte Festung Belfort, der letzte Stützpunkt der französischen Macht, ungeachtet der tapfersten Verteidigung durch den Gouverneur Denfert, von dem die schwierige Belagerung leitenden General v. Tresckow zur Übergabe gezwungen wurde. Am 15. Februar war der Abzug der Besatzung mit militärischen Ehren zwischen dem Grafen Bismarck und dem Minister Favre vereinbart worden.

§ 14. Die Friedenspräliminarien.

— Am 26. Februar 1871 unterzeichneten Graf Bismarck und die Bevollmächtigten der süddeutschen Staaten den vorläufigen Friedensvertrag, den sie im Auftrage des Kaisers mit den französischen Unterhändlern Thiers und Favre vereinbart hatten. Alles vorausgegangenen Widerstrebens ungeachtet hatten sich die letzteren dazu verstehen müssen, die Abtretung des Elsasses und des deutschen Teiles von Lothringen an das deutsche Reich zuzugestehen[1]). Nur in bezug auf Belfort drangen Thiers' flehentliche Bitten durch: die stattgehabte tapfere Verteidigung anerkennend, schloß der Sieger diese Festung mit ihrem Rayon großmütig von seinen Erwerbungen aus. Eine von beiden Kontrahenten zu er-

---

[1]) Artikel I der Friedens-Präliminarien vom 26. Februar 1871 lautet wörtlich: „Frankreich verzichtet zu gunsten des deutschen Reiches auf alle seine Rechte und Ansprüche auf diejenigen Gebiete, welche östlich von der nachstehend bezeichneten Grenze belegen sind. Die Demarkationslinie beginnt an der nordwestlichen Grenze des Kantons Cattenom nach dem Großherzogtum Luxemburg zu, folgt südwärts den westlichen Grenzen der Kantone Cattenom und Thionville, durchschneidet den Kanton Briey, indem sie längs der westlichen Grenze der Gemeinden Montois-la-Montagne und Roncourt, sowie der östlichen Grenzen der Gemeinden Marie-aux-chênes, Saint-Ail, Habouville hinläuft, berührt die Grenze des Kantons Gorze, welche sie längs der Grenzen der Gemeinden Vionville, Bouxières und Onville durchschneidet, folgt der Südwest- resp. Südgrenze des Arrondissements Metz, der Westgrenze des Arrondissements Château-Salins bis zur Gemeinde Pettoncourt, von der sie die West- und Südgrenze einschließt, und folgt dann dem Kamme der zwischen der Seille und Moncel gelegenen Berge bis zur Grenze des Arrondissements Saarburg südlich von Garde. Sodann fällt die Demarkationslinie mit der Grenze dieses Arrondissements bis zur Gemeinde Tanconville zusammen, deren Nordgrenze sie berührt. Von dort folgt sie dem Kamme der zwischen den Quellen der Sarre blanche und der Vezouze befindlichen Bergzüge bis zur Grenze des Kantons Schirmeck, geht der westlichen Grenze dieses Kantons entlang, schließt die Gemeinden Saales, Bourg-Bruche, Colroy-la-Roche, Plaine, Ranrupt, Saulxures und St. Blaise-la-Roche im Kanton Saales ein und fällt dann mit der westlichen Grenze des Departements Nieder- und Oberrhein bis zum Kanton Belfort zusammen. Sie verläßt dessen Südgrenze unweit Vourvenans, durchschneidet den Kanton Delle bei der Südgrenze der Gemeinden Bourogne und Froide-Fontaine und erreicht die Schweizergrenze, indem sie längs der Ostgrenzen der Gemeinden Jonchery und Delle hinläuft."

„Die Grenze ist, sowie sie vorstehend festgesetzt ist, mit grüner Farbe auf zwei Exemplare der Karte von den Gebietsteilen, welche das General-Gouvernement des Elsasses bilden, vermerkt, die im September 1870 in Berlin durch die geographische und statistische Abteilung des Großen Generalstabes veröffentlicht worden ist."

„Durch einen von beiden Kontrahenten genehmigten Zusatz wurden indessen obige Festsetzungen so abgeändert: Im ehemaligen Mosel-Departement werden die Dörfer Marie-aux-chênes bei St. Privat-la-Montagne und Vionville, westlich von Rezonville, an Deutschland abgetreten. Dagegen werden die Stadt und Festungswerke von Belfort mit einem festzusetzenden Rayon bei Frankreich verbleiben."

nennende Kommission sollte beauftragt werden, die künftige Grenzlinie zwischen französischem und deutschem Gebiete festzustellen. Aufserdem wurde der französischen Republik die Zahlung von 5 Milliarden Franks zur Deckung der Kriegskosten auferlegt; eine Milliarde sollte noch im Laufe des Jahres 1871, der Rest während der drei folgenden Jahre mit den Verzugszinsen zu fünf vom Hundert abgetragen werden. Sofort nach erfolgter Ratifikation des Friedensvertrages durch die Nationalversammlung in Bordeaux soll nach dessen weiteren Bestimmungen die Räumung der innern Stadt Paris und der links von der Seine gelegenen Forts durch die deutschen Truppen erfolgen; die französische Armee (mit Ausnahme der Besatzung von Paris) verpflichtet sich dagegen, hinter die Loire zurück zu gehen. Die Wiedergabe der die Umgebung von Paris bildenden Departements an die französische Regierung wird schon nach Zahlung der ersten halben Milliarde, die der sich nach Osten zu anreihenden Bezirke nach Mafsgabe weiterer Abtragungen der Kriegskontribution erfolgen. Sind von dieser letztern nur noch drei Milliarden rückständig, so soll die Okkupation durch deutsche Truppen, deren gesamte Zahl 50 000 nicht übersteigen wird, sich auf die Departements Marne und Haute-Marne, Meurthe, Ardennes und Vosges beschränken; sollte es alsdann Frankreich gelingen, an die Stelle dieses in Teilen seines Gebietes bestehenden Pfandes eine ausreichende finanzielle Garantie darzubieten, so bleibt es dem deutschen Kaiser überlassen, dieselbe anzunehmen. Durch eine nachträglich beigefügte Übereinkunft wurde der Waffenstillstand wiederum und bis zum 12. März verlängert; diesmal sollte jedoch dem „Herzen Frankreichs" die Demütigung nicht erspart werden, den Feind in seinen Mauern zu sehen. Vielmehr behielt sich Kaiser Wilhelm vor, bis zum Vollzug des vorläufigen Friedens den zwischen der Seine, der Avenue des Ternes und der Vorstadt St. Honoré gelegenen Teil von Paris durch deutsche Truppen (höchstens 30 000) besetzen zu lassen.

Diese letztere, die Eitelkeit der Pariser aufs tiefste niederschmetternde und ihren Übermut bis zu wahnsinniger Wut steigernde Bestimmung übte auf die Verhandlungen in Bordeaux einen gewaltigen Druck aus. Thiers beschwor die Nationalversammlung „mit energischer Dringlichkeit, keinen Augenblick zu verlieren, um der Hauptstadt einen grofsen Schmerz zu ersparen"; und so genehmigten schon am 1. März 546 gegen 107 Stimmen den Präliminarvertrag mit dem Zusatze: „**Die Nationalversammlung, der Notwendigkeit weichend und die Verantwortlichkeit zurückweisend, nimmt die in Versailles am 26. Februar unterzeichneten Friedenspräliminarien an.**" — Dem Einzuge deutscher Truppen in Paris, der schon in der Frühe des 1. März begonnen hatte, war mit diesem Beschlusse freilich nicht vorgebeugt worden; die Besetzung wurde nur abgekürzt, da sofort nach dessen Bekanntwerden der Befehl zu dem am 3. März zu bewerkstelligenden Rückzug erging. Durch den Triumphbogen der elisëischen Felder ging derselbe in schönster Ordnung von statten.

Am 2. März unterzeichnete Kaiser Wilhelm zu **Versailles den Präliminarfrieden.** Schon am 3. wurde die Nachricht, dafs der denkwürdige Akt vollzogen sei[1]), in Berlin auf Befehl der Kaiserin in feierlicher Weise und unter dem Jubel der Bevölkerung bekannt gemacht. Ganz Deutschland aber nahm an der freudigen Bewegung teil und rüstete sich zum Friedensfeste[2]).

§ 15. Der Friede zu Frankfurt.

Während Kaiser Wilhelm „am Schlusse eines der gröfsten Kriege, den die Weltgeschichte je gesehen", in seinem Armeebefehle von Nancy (15. März) den Soldaten der deutschen Armee ein herzliches Lebewohl zurief und die Rückreise antrat, die vom Rheine bis in seine Hauptstadt hinein einem einzigen grofsen Triumphzuge glich[3]), bereitete sich in Paris der Aufstand der **Kommune**[4]), das grauenvolle Ereignis vor, welches

---

[1]) Aus der Depesche des Kaisers an die Kaiserin: „So weit ist dies grofse Werk vollendet, welches durch siebenmonatliche siegreiche Kämpfe errungen wurde, — dank der Tapferkeit, Hingebung und Ausdauer des unvergleichlichen Heeres in allen seinen Teilen und der Opferfreudigkeit des Vaterlandes. Der Herr der Heerscharen hat überall unsre Unternehmungen sichtlich gesegnet und daher diesen ehrenvollen Frieden in Seiner Gnade gelingen lassen. Ihm sei die Ehre! **Der Armee und dem Vaterlande mit tief erregtem Herzen Meinen Dank!**"

[2]) Der äufsere Erfolg des Krieges war, auch abgesehen von der Wiedervereinigung der vor zweihundert Jahren durch List und Gewalt losgerissenen Gebiete Elsafs und Lothringen mit dem deutschen Stammlande gröfser, als in irgend einem andern Falle, von dem die Kriegsgeschichte redet. Drei ganze Heere mit 350 000 französischen Soldaten und 12 000 Offizieren waren in die Gefangenschaft nach Deutschland gesandt; 100 000 hatten in 17 grofsen Schlachten und 156 Treffen und Gefechten den Tod gefunden; 400 000 waren in Paris, mehr als 80 000 auf schweizerischem Boden entwaffnet worden; Strafsburg, Metz, Paris, Belfort und noch 22 Festungen von geringerer Bedeutung hatten sich gezwungen gesehen, zu kapitulieren; nahezu 7000 Geschütze, 120 Adler fanden sich in der unermefslichen Kriegsbeute.

[3]) Beim Einzuge des Kaisers in Berlin begrüfsten ihn die Behörden der Stadt mit unvergefslichen Worten, die auch in dieser Darstellung nicht übergangen werden mögen: „Vollendet ist das grofse Werk: der Hohenstaufen ruhmreiches Scepter ruht sicher in der Hohenzollern starker Hand. Möge es Eurer Kaiserlichen und Königlichen Majestät vergönnt sein, der Früchte Ihrer Anstrengung noch lange Zeit Sich zu freuen inmitten der Liebe und Verehrung des gesamten deutschen Volkes, inmitten der Bewunderung der Welt. Möge es dem deutschen Volke beschieden sein, dafs die Weisheit, Festigkeit und Heldenkraft, welche das Reich gegründet, noch viele Jahre über ihm walte, dafs der Kaiser, der Deutschlands Grenzen ruhmvoll erweitert und Deutschlands Banner mit unverwelklichem Lorbeer geschmückt hat, auch ein Mehrer des deutschen Reiches werde an den Gütern und Gaben des Friedens auf dem Gebiete nationaler Wohlfahrt, Freiheit und Gesittung. Das walte Gott!"

[4]) 1. März: Nationalgarden von Paris bringen eine Menge von Geschützen auf dem Montmartre zusammen, indem sie vorgeben, dafs sie dieselben gegen die deutschen Truppen bei deren Einmarsch verwenden wollten. — 18.: General Vinoy bemüht sich vergeblich, die Geschütze vom Montmartre zu entfernen. Zahlreiche Truppen vereinigen sich mit den Insurgenten; Vinoy zieht sich mit den übrigen nach Versailles zurück, wohin

den endgültigen Abschluſs des Friedenswerkes monatelang hinausschob. Dem Entgegenkommen der deutschen Heerführer, die eine bedeutende Ansammlung französischer Truppen vor Paris gestatteten, hatte die in Versailles tagende Regierung die Niederwerfung der Insurrektion wesentlich zu danken; trotzdem lieſs sie nur in geringem Grade die Neigung hervortreten, die noch rückständigen Verhandlungen in Angriff zu nehmen und sie im Sinne der Präliminarien zu ihrem Ziele zu führen. Vielmehr zeigten die Abgeordneten Frankreichs zu der am 20. März in Brüssel eröffneten Friedenskonferenz nur allzudeutlich das Bestreben, die ihrem besiegten Lande gestellten Bedingungen als zu hart, ja als unerfüllbar darzustellen, die Beratungen in die Länge zu ziehen, die öffentliche Meinung für Frankreichs Lage günstig zu stimmen und dadurch neue Vorteile zu gewinnen. Es bedurfte der gewichtigen Mahnung des Fürsten Bismarck[1]), daſs die Versailler Regierung nur dann noch auf die Mitwirkung Deutschlands zur Beruhigung Frankreichs rechnen dürfe, wenn sie das ernstliche Bemühen zeige, die Arbeiten der Kon-

---

auch die Regierung ihren Sitz verlegt. Dieselbe macht vergebliche Vermittlungsversuche; am 26. erfolgen die Wahlen für die „Kommune" (Blanqui, Flourens, Pyat, Delescluze u. a.); Organisation der „wirklichen" Republik. — 2. April: Beginn der Kämpfe zwischen den Regierungstruppen und den Insurgenten um die Forts, Brücken etc. vor Paris, die den ganzen Monat hindurch fortdauern, ohne zu einer Entscheidung zu führen. 11.: Die Regierung überträgt dem Marschall Mac Mahon den Oberbefehl über ihre Truppen, welche unter Zustimmung der deutschen Heeresleitung auf 80 000 Mann gebracht werden. — 1. Mai: Verhaftung des „Generals" Cluseret; Rossel übernimmt das Oberkommando in Paris, an dessen Stelle schon nach wenigen Tagen der Pole Dombrowski tritt. — 16.: Die Insurgenten stürzen die Vendôme-Säule um; Plünderung von Kirchen etc. 21: Eindringen der Regierungstruppen durch mehrere Thore von Paris; die Insurgenten verteidigen sich wütend und stecken das Stadthaus, die Tuilerien und andere öffentliche Gebäude in Brand. — 23.: Erstürmung des Montmartre; 24.: Fortsetzung der Straſsenkämpfe; Ermordung des Erzbischofs von Paris und der andern Geiseln durch die Insurgenten, deren Führer Dombrowski, Delescluze etc. im Aufruhr fallen; 30 000 werden gefangen genommen. Am 29. Mai hat die Schreckensherrschaft der Kommune ihr Ende erreicht.

[1]) Am 21. März, dem Tage der Eröffnung des ersten deutschen Reichstages, hatte Kaiser Wilhelm den Grafen Bismarck zum Dank für dessen groſsartige und unvergängliche Verdienste um die Begründung des neuen deutschen Reiches in den erblichen Fürstenstand erhoben. Später (durch Ordre vom 24. Juni) überwies der Kaiser dem Kanzler des Reiches denjenigen, zum Domanium des Herzogtums Lauenburg gehörigen Grundbesitz (den Sachsenwald im Amte Schwarzenberg) als Dotation, welcher ihm selber durch die Ritter- und Landschaft dieses Herzogtums zum Eigentum überlassen worden war. — Auch die übrigen Führer im Kriege und auf dem Gebiete diplomatischer Verhandlungen hatten sich des herzlichsten Dankes ihres kaiserlichen Herrn zu erfreuen, dem sich der Reichstag im Namen der Nation durch Bewilligung der Dotationen anschloſs.

ferenz zu fördern, um das Eintreffen des bevollmächtigten Ministers J. Favre in der zur Unterzeichnung des Friedens ausersehenen Stadt Frankfurt a. M. herbeizuführen. Derselbe mufste sofort erkennen, dafs dem „eisernen Kanzler" des neuerstandenen deutschen Reiches gegenüber alles Feilschen und Markten um untergeordnete Abmachungen ein Ende nehmen müsse, wenn er auf dessen kräftigen Beistand zur Rettung seines unglücklichen Vaterlandes nicht verzichten wolle.

So kam denn am 10. Mai 1871 der Friede zu Frankfurt zum Abschlufs. Derselbe gewährte Frankreich hinsichtlich der Länderabtretungen im Vergleich zu den Präliminarien noch einige Erleichterungen[1]). Es wurde ferner jedem Bewohner der abgetretenen Gebiete ohne Rücksicht auf die in Deutschland geltenden Gesetze über die allgemeine Militärpflicht das Recht der Auswanderung nach Frankreich zugestanden, sofern er bis zum 1. Oktober 1872 zu solchem Zwecke „optiert" haben werde; auch selbst die Beibehaltung des Grundbesitzes in Elsafs-Lothringen sollte keinem Auswanderer verkümmert sein. In betreff der an den hervorragendsten Börsenplätzen Deutschlands in Gold oder Silber, oder in Billets der englischen, preufsischen, holländischen oder belgischen Bank, oder in Wechseln erster Handelshäuser zu leistenden Zahlungen der Kriegsentschädigung wurden die inne zu haltenden Fristen und die Art und Weise der Verzinsung bestimmter geregelt[2]); auch in Hinsicht

---

[1]) Die in dem Präliminarvertrage festgesetzte Entfernung der bei Frankreich verbleibenden Festung Belfort von der deutschen Grenze wird auch für den definitiven Friedenstraktat als mafsgebend betrachtet. Indessen ist die deutsche Regierung bereit, diesen Rayon in der Art zu vergröfsern, dafs er die Kantone Belfort, Delle und Giromagny, sowie den westlichen Teil des Kantons von Fontaine in einer näher zu bezeichnenden Abgrenzung umfafst, — jedoch nur unter der Bedingung: dafs die Republik ihrerseits zu gunsten des deutschen Reiches in eine Berichtigung der westlichen Grenzen der Kantone Cattenom und Thionville willigt. — Der Vorteil bei diesem Tausch lag auf der Seite Frankreichs, welches aufser 20, zum Teil ansehnlichen Dörfern bei Belfort auch die ganze von Giromagny über den Ballon d'Alsace nach Remiremont führende Strafse erhielt.

Die genauere Grenzregulierung wurde den (am 4. Juni eröffneten) Konferenzen der deutschen und französischen Bevollmächtigten überlassen. Als Grundlage für die Verhandlungen konnten, aufser der bereits erwähnten Generalstabskarte, die mittlerweile veröffentlichten wichtigen statistischen Arbeiten von Böckh, Brämer u. a. dienen. (Vergl. auch den betr. Artikel im Jahrgange 1871 von Petermanns Mitteilungen.)

[2]) Innerhalb der ersten 30 Tage nach der Niederwerfung der Insurrektion in Paris hat die Zahlung der ersten halben Milliarde, während des nun folgenden Jahres die der zweiten und dritten, am 1. Mai 1872 die der vierten halben Milliarde zu erfolgen. Die dann noch restierenden drei Milliarden sind bis zum 2. März 1874 zu erlegen und bis dahin vom 2. März 1871 ab

auf die Festsetzungen wegen der Räumung des von deutschen Truppen im Pfandbesitz behaltenen Terrains traten Modifikationen ein, die den Wünschen Frankreichs möglichst entgegen kamen. Endlich wird jeder der beiden Kontrahenten sich bemühen, die in Stockung geratenen Handelsbeziehungen wieder zu eröffnen; dieserhalb zu schliefsende neue Verträge bleiben vorbehalten. Mittlerweile hatte der Reichstag die Beratungen über den ihm vorgelegten, in allen wesentlichen Stücken der bereits bewährten Verfassung für den norddeutschen Bund nachgebildeten Entwurf der Verfassung für das deutsche Reich zu Ende geführt, so dafs die Annahme des grofsen Werkes am 14. April (mit allen gegen 3 Stimmen) erfolgen[1]) und dasselbe am 4. Mai in Kraft treten konnte. Auch dem Friedensschlusse brachten die Vertreter des deutschen Volkes die freudigste Teilnahme entgegen; die Bevollmächtigten der „mit dem norddeutschen Bunde alliierten deutschen Staaten" unterzeichneten den Friedenstraktat (15. Mai), welcher darauf am folgenden Tage von dem Kaiser ratifiziert wurde. Die Annahme desselben durch die französische Nationalversammlung (mit 440 gegen 98 Stimmen) erfolgte am 18., der Austausch der Ratifikationen in Frankfurt a. M. am 20. Mai, so dafs bereits am 9. Juni das Gesetz wegen der Vereinigung Elsafs-Lothringens mit dem deutschen Reiche erlassen, am 15. der Reichstag geschlossen und durch den glänzenden Einzug der siegreichen Truppen in die Hauptstadt des Kaisers (16.), sowie durch das in allen Kirchen des deutschen Reiches abgehaltene Dankfest die glorreichste Epoche der Geschichte des weitern

---

mit fünf Prozent zu verzinsen; die Zinsen sind alljährlich am 3. März zu berichtigen. — Bekanntlich hat Thiers als Präsident der französischen Republik es für seine patriotische Pflicht erachtet, die einzelnen Raten der Kriegsentschädigung schon vor den stipulierten Terminen zahlen zu lassen, so dafs die unter dem Oberbefehl des Feldmarschalls v. Manteuffel gestellten Besatzungstruppen schon im Laufe des Jahres 1873 das französische Gebiet gänzlich räumen durften.

[1]) Fürst Bismarck bemerkte dabei in bezug auf den Inhalt des Vertrages: Wir haben durch denselben erreicht, was wir von Frankreich vernünftigerweise verlangen konnten. Unsere Grenzen haben wir durch Metz und Strafsburg, die an uns zu entrichtenden Kriegsentschädigungen durch die Besetzung weiter Landstriche in so weit gesichert, wie es nach völkerrechtlichen Überlieferungen überhaupt nur möglich erscheint. Und da von der gegenwärtigen Regierung Frankreichs erwartet werden kann, dafs sie für eine redliche Ausführung der Bestimmungen Sorge tragen werde, steht zu hoffen, dafs der Friede ein dauerhafter und segensreicher sein werde, und dafs wir der Bürgschaften, deren wir uns versichert haben, um gegen einen etwa wiederholten Angriff gesichert zu sein, auf lange Zeit nicht bedürfen mögen.

Vaterlandes zum feierlichen Abschlufs gebracht werden konnte.

§ 16. Aus der Geschichte des Elsasses.

Das Elsafs, der Wohnplatz derer, die an der Ill safsen[1]), die reichgesegnete Uferlandschaft am obern Teile des Mittelrheines, wurde nach der Vertreibung keltischer Urstämme in der frühesten historischen Zeit von Germanen, den Raurakern und Mediomatrikern, bewohnt, zwischen denen sich die Sequaner über das Gebirge hinweg bis zum Strome vorgeschoben haben mögen. Auch werden noch die Tribokker erwähnt, vielleicht ein eingewanderter Kriegerstamm, der die bereits ansässigen Volksgenossen unterwarf, selbst aber dem Vordringen der Römer kräftigen Widerstand nicht entgegen zu setzen vermochte. Cäsar war es, der durch seinen Sieg über Ariovist diese römische Herrschaft im Elsafs für Jahrhunderte hinaus begründete[2]). Zahlreiche Spuren deuten auf eine Romanisierung der unterworfenen germanischen Bewohner hin, welche in den üppigen Fluren Kriegsmut und Tapferkeit verloren und endlich, nach dem Sinken der römischen Macht während der Völkerwanderung, um die Mitte des fünften Jahrhunderts den rechtsrheinischen Alemannen zinspflichtig wurden. An deren Stelle traten schon fünfzig Jahre später die Franken, die Sieger von Zülpich.

Das Rheinthal samt dem Gebirge gestaltete sich nun zu der austrasischen Provinz Alsatia, welche den Sund- oder Südgau und den Nordgau mit allen ihren Unterabteilungen in sich schlofs. Dauernd wurde diese Teilung, als sich nach Einführung des Christentums über jenen der Sprengel des Bistums Basel ausbreitete, während dieser der geistlichen Obhut des Bischofs von Strafsburg unterstellt wurde.

Zu Anfang des 7. Jahrhunderts setzte König Dagobert I. im Elsafs Herzöge ein, denen die Aufgabe zufiel, den immer noch andauernden Widerstand der alemannischen Bevölkerung gegen die Herrschaft der Franken zu brechen. Schon in der zweiten Hälfte des Jahrhunderts tritt unter diesen der mächtige Eticho I. auf, ein gewaltiger Held der Sage, der Wohlthäter der Kirche und Begründer zahlreicher Klöster, u. a. des Klosters Hohenburg auf dem Odilienberge bei Ehenheim für seine Tochter, die heilige Ottilie.

---

[1]) Mancherlei mehr oder weniger scharfsinnige Deutungen hat der Landschaftsname Elsafs von den Etymologen erfahren. Lorenz und Scherer (Geschichte des Elsasses) bezeichnen das Gebiet als den Wohnplatz der Elisassen, d. h. der fremden — fränkischen — Bewohner.

[2]) Der Mittelpunkt römischer Herrschaft im Elsafs wurde — neben Augusta Rauracorum, d. i. Augst bei Basel — ein Kastell, welches an die Stelle eines schon von den Kelten zur Sicherung der Überfahrt über Ill und Rhein erbauten Ortes getreten war. Argentorat, der keltische Name dieser Ansiedelung, wurde in Argentoratum latinisiert. Nach mehrmaliger Zerstörung durch die Germanen immer wieder aufgebaut, sah sich dieses „römische Strafsburg" endlich im Verlaufe der Völkerwanderung gänzlich von seiner Stelle hinweggefegt, um einer blühenden deutschen Stadt Raum zu schaffen. (Vergl. F. v. Apell, Beitrag für Ortsgeschichte Strafsburgs).

Nach dem Aufkommen der Karolinger im Frankenreiche wurde die herzogliche Würde (769 unter Liutfrid II.) wieder unterdrückt; nur die Grafen führen ihr Amt in den alten Gauen weiter, so dafs sich von nun an die Landschaften Ober- und Unterelsafs auch in ihrer Verwaltung bestimmter scheiden[1]).

Im Oberelsafs gelang es um 1100 dem Grafen Otto II. aus dem Hause Habsburg, festen Fufs zu fassen und die Erblichkeit seiner Würde zu erlangen. Adalbert III., der Reiche, nahm ein Jahrhundert später zuerst den Titel eines Landgrafen vom Elsafs an, mit welchem der Habsburger Rudolf (IV.) vor seiner Erwählung zum deutschen Könige (1273) unter seinen Gütern auch den Sundgau beherrschte. Seine Nachfolger in Österreich und im deutschen Reiche benutzten lange Zeit das von den neuerworbenen habsburgischen Ländern fern gelegene Gebiet zur Ausstattung ihrer jüngeren Söhne; zur Ausbreitung und Befestigung der Gewalt, die sie in demselben ausübten, trug wesentlich die Regierung des „Erzherzogs" Leopold II. bei, welcher, ehe er 1386 bei Sempach im Kampfe gegen die Schweizer fiel, zugleich eine grofse Menge von Gütern im rechtsrheinischen Schwaben für sein Haus zu erwerben gewufst, wodurch er die Begründung „Vorder-Österreichs" vorbereitete. Schwere Kämpfe beunruhigten im 15. Jahrhundert die oberelsässischen Gebiete, teils wegen des Zerwürfnisses Friedrichs III. (1411—39) mit dem Kaiser Sigismund infolge seiner Beteiligung an dem Kostnitzer Konzil, teils wegen des Einfalls der Armagnacs (1444), durch welchen der Dauphin Ludwig gewisse Ansprüche auf die Landgrafschaft geltend zu machen suchte[2]), teils wegen der Stellung, welche

---

[1]) Das Ereignis, welches sich 833 auf dem „Lügenfeld" beim Dorfe Sigolshausen unweit Thann vollzog, sowie die der allgemeinen deutschen Geschichte angehörigen Kämpfe der Söhne Ludwigs des Frommen samt den aus diesen Wirren hervorgehenden Länderteilungen setzen wir als bekannt voraus. Der Vertrag zu Mersen (870), welcher über die Länder des lothringischen Mittelreiches verfügte, brachte das Elsafs dauernd an Deutschland, so dafs es von nun an dastand „als festes Bollwerk gegen das Übergreifen der Verwelschung, in stetem Bunde mit seinen deutschen Bruderstämmen durch starke Kaisermacht geschützt". — Als unter den letzten schwachen Karolingern die Macht der alten Stammesherzöge wieder auflebte, wurde das Elsafs dem Herzogtum Alemannien oder Schwaben zugeteilt. Als dessen edles Glied hatte es sich nicht allein der sorgsamen Pflege des hohenstaufischen Geschlechtes zu erfreuen; es hatte auch an den Kämpfen mancher Herzöge gegen die königliche Gewalt Anteil zu nehmen, in deren Verlauf das linksrheinische Gebiet sich mehr und mehr dem eigentlichen Kern des Herzogtums entfremdete und schliefslich nur noch dem Namen nach mit letzterm verbunden blieb.

[2]) Schon im vorausgegangenen Jahrhundert, von 1365 ab, war der „erste Franzosenkrieg" im Elsafs und um dasselbe geführt worden. Eine habsburgische Prinzessin hatte sich mit einem Herrn von Coucy vermählt; ein Sprössling dieser Ehe war Schwiegersohn des Königs Eduard III. von England geworden. Als letzterer 1360 mit Frankreich Frieden geschlossen hatte, wurden die von ihm geworbenen Söldner zu einer Landplage für die linksrheinischen Gebiete. Es wurde darum für diese Scharen Beschäftigung gesucht; unter dem Befehle des Hauptmanns Arnauld von Servola, des „Erzpriesters von Verny", drangen sie sengend und brennend in das Elsafs ein,

Sigismund (von Tirol, 1439—79) den Eidgenossen und dem Herzog Karl dem Kühnen von Burgund gegenüber eingenommen hatte. Infolge der Niederlage, welche ihm 1468 die Schweizer beigebracht, mufste derselbe 1469 alle seine Güter und Rechte gegen 80 000 Gulden an Burgund verpfänden. Um sein Land, welches die Gewaltherrschaft Peters von Hagenbach duldete, wieder zu gewinnen, schlofs sich Sigismund fünf Jahre später dem Bündnisse an, durch welches sich die Schweizerkantone, die Herzöge von Lothringen und zahlreiche Nachbarn derselben gegen Karls des Kühnen Herrschsucht zu behaupten gedachten. Der Sieg bei Nancy (1477) gab ihm die Unabhängigkeit wieder; da er jedoch kinderlos war, so trat er 1489 seinen gesamten Besitz an den Erzherzog Maximilian ab, der nachmals als deutscher Kaiser die Landgrafschaft in eine noch engere Verbindung mit den übrigen österreichischen Gebieten brachte. Während des ganzen folgenden Jahrhunderts und noch darüber hinaus wurden die nachgebornen habsburgischen Prinzen, welche zeitweilig am Oberrhein die Regierung führten, nur noch als Statthalter Österreichs angesehen, die lediglich im Namen der die deutsche Kaiserkrone tragenden Häupter ihres Geschlechtes als Verwalter des Landes auftraten; ein Verhältnis, das 1631 mit der Besetzung der Landgrafschaft durch die Schweden, der Übergabe derselben an Frankreich und die durch

um vorgegebene Ansprüche des Hauses Coucy an die Erbschaft der Habsburger geltend zu machen. Durch das Eingreifen Karls IV. diesmal zum Rückzug veranlafst, warb Enguerrand von Coucy zehn Jahre später ein neues Heer, mit dem er selber gegen den Herzog Leopold III. in den Kampf zog, welcher letztere sich endlich zur Abtretung der Herrschaften Nidau und Büren gezwungen sah. Den Schweizern blieb es vorbehalten, die wilden, beutesüchtigen Scharen zu Paaren zu treiben.
Der Einfall der Armagnacs, von ihrem alten Führer, dem längst verstorbenen Feldhauptmann Bernhard von Armagnac so benannt, im Volksmunde als arme Gecken bezeichnet, sollte dieser ersten Gebietserweiterung Frankreichs auf deutschem Boden alsbald eine zweite folgen lassen. Schon 1439 hatte Hans von Finstringen einer starken Schar derselben die Pässe der Vogesen gewiesen, die brandschatzend das Elsafs durchzog und Städte und Dörfer verwüstete. Dennoch hielt es K. Friedrich III. für seiner Würde entsprechend, mit der durch das Auftreten der Jungfrau von Orleans wieder mächtig gewordenen Krone Frankreich einen geheimen Vertrag abzuschliefsen, durch welchen ihm zu seinen unaufhörlichen Kämpfen gegen die Schweizer ein Hülfsheer von etwa 6000 Mann zugesagt wurde. Aber statt dieser 6000 erschienen 40 000 Mann, und zwar unter dem Oberbefehl des Dauphins Ludwig selber, welcher zugleich laut verkündete, dafs er als Vertreter des Kaisers handle. Die tapfern Schweizer wufsten sich der verhafsten Eindringlinge in den blutigen Kämpfen an der Birs und am Kirchhof von St. Jakob zu erwehren; nun aber überschwemmte der Dauphin mit seinen Söldnern das Elsafs und liefs den eigentlichen Zweck seines Zuges deutlicher erkennen. Er setzte sich fest, wo er nur konnte; er knüpfte mit dem Adel des Landes Verbindungen an, wie er es nur vermochte; erst die Verkündigung des Reichskrieges gegen Frankreich durch den Reichstag zu Speier und der folgende harte Winter nötigten ihn im Frühjahr 1445 zum Rückzug. — Zum erstenmal hatte dieser Dauphin es gewagt, den Rhein als die natürliche Grenze Frankreichs, das Elsafs als ein dem Mutterlande entfremdetes Grenzgebiet zu bezeichnen.

den westfälischen Frieden 1648 bestätigte Abtretung aller landgräflichen Hoheitsrechte an die französische Krone sein Ende erreichte. Schon seit den frühesten Zeiten des Mittelalters, zum Teil noch vor dem Eintreten der Habsburger in die Landgrafschaft hatten sich im Oberelsaſs zahlreiche Lehnsherrschaften ausgebildet, von denen manche jedoch im Verlaufe der Jahrhunderte wieder in den unmittelbaren Besitz des regierenden Hauses gelangten. Unter ihnen tritt die im Südosten des Sundgaues belegene Grafschaft Pfirt *(Ferrette)* durch ihre wechselvolle Geschichte besonders hervor[1]), welche letztere zugleich vielfach in die der westlich anstoſsenden Herrschaften Altkirch, Belfort, Thann, Rothenburg *(Rougemont)* eingreift, bis alle diese Gebiete dem Hause Österreich zufallen.

§ 17. — Von den Grafen, welche vor und nach Aufhebung der herzoglichen Gewalt im **Unterelsaſs**, in dem einer andern Entwicklung folgenden Nordgau ihres Amtes warteten, sind mit Sicherheit kaum die Namen bekannt. Sie erscheinen vielfach im Gefolge der deutschen Könige als deren Kampfgenossen, aber auch als Freunde der Kirche und Beschützer ihrer Einrichtungen. Vom 11. Jahrhundert ab dürfen auch sie ihre Würde vom Vater auf den Sohn vererben. Graf Hugo V.

---

[1]) Dieselbe trägt ihren Namen nach der auf einem Vorberge des Jura erbauten, noch in ihren Trümmern gewaltigen Burg zwischen Basel und Pruntrut. Ein Graf Ludwig beherrschte in der Mitte des 11. Jahrhunderts auch noch die umliegenden Gebiete; erst unter dessen Enkeln trennte sich Pfirt von Mömpelgard bestimmter; letzteres schied von nun an aus dem Verbande der Landgrafschaft aus und trat zur Freigrafschaft Burgund in ein näheres Verhältnis, bis es 1397 durch die Vermählung der Erbtochter Henriette mit Eberhard von Württemberg an dessen Haus fiel. Etwa vom Jahre 1230 ab wuſsten die Bischöfe von Basel die Lehnshoheit über mancherlei Güter der Grafen von Pfirt zu erlangen; 1271 aber trat Graf Ulrich alles ab, was er besaſs, um dasselbe von der Kirche zu Basel wieder zu Lehen zu nehmen. Ulrich II. (1310—24) erwarb durch seine Vermählung mit Johanna von Mömpelgard die Herrschaften Belfort und Héricourt und hinterlieſs den gesamten Besitz seiner ältesten Tochter Johanna, die sich mit dem Herzog Albrecht II. dem Weisen von Österreich vermählte und diesem das ganze Erbe zubrachte. Auſser den bereits genannten Herrschaften umfaſste dasselbe auch noch die benachbarten Gebiete Altkirch, Thann, Rothenburg, die Schirmvogtei der Abtei Masmünster und die Vogtei Senheim *(Cernay)*. Unter den sonstigen kleineren Gebieten im Oberelsaſs erwähnen wir noch die sich am Rhein abwärts hinziehende Herrschaft Landser, die Vogtei Ensisheim, die Markgrafschaft Bollweiler, das ursprünglich reichsfreie, dann dem Bistum Basel unterworfene Stift Murbach u. a. Auf der Grenze zwischen Ober- und Unterelsaſs bildete sich in zwei getrennten Hauptmassen die ansehnliche Herrschaft der Grafen von Rappoltstein aus, deren ursprüngliches Geschlecht erst 1675 mit Johann Jakob ausstarb, worauf das Gebiet durch die ältere Erbtochter dem Birkenfeldschen Zweige des pfälzischen Kurhauses anheimfiel. Die von den alten Grafen an der Ill begründete Herrschaft Horburg endlich wurde von den Brüdern Walther und Burkard 1324 dem Grafen Ulrich von Württemberg käuflich überlassen. Späterhin wurde dieselbe als ein Zubehör von Mömpelgard angesehen, dessen Geschicke unter der französischen Herrschaft sie teilt. — Von der freien Reichsstadt Mülhausen wird später die Rede sein.

wurde in den Kampf K. Heinrichs IV. gegen den Papst verwickelt. Als Anhänger des letztern geriet er in einen heftigen Streit mit dem Bischof von Strafsburg, infolge dessen er seine Herrschaft und 1089 selbst sein Leben verlor. Zu seinem Nachfolger im Nordgau wurde der verwandte Graf G o t t f r i e d v o n M e t z ernannt, dessen Sohn Theoderich sich zuerst L a n d g r a f vom Niederelsafs nannte. Gegen Ende des 12. Jahrhunderts hatte der Kaiser die Grafschaft eine Zeitlang eingezogen; erst 1196 übertrug Heinrich VI. die Belehnung neuerdings auf Theoderichs Schwiegersohn S i e g b e r t III. von W e r t h (an der Ill), dessen Geschlecht eine Seitenlinie der Grafen von Saarbrücken bildete. Beim Tode desselben (1227) empfing sein ältester Sohn H e i n r i c h, welcher schon seit Jahren an der Regierung des Landes Anteil genommen, die Landgrafschaft; doch starb auch dieser, nachdem er dem Bistum Strafsburg seinen Anteil an der väterlichen Burg und manche andere Güter zu Lehen aufgetragen, schon im Jahre 1238 mit Hinterlassung eines nachgebornen Sohnes H e i n r i c h S i e g b e r t, der, aus der Vormundschaft des Grafen Adolf von Waldeck entlassen, die Partei W a l t h e r s v o n G e r o l d s e c k, des Bischofs von Strafsburg, in dessen Fehde mit den Bürgern der Reichsstadt ergriff, während die letzteren in der Person R u d o l f s v o n H a b s b u r g, des zeitigen Landgrafen vom Oberelsafs, einen tapfern Bundesgenossen gefunden hatten. 1262 (8. März) kam es bei O b e r h a u s e n b e r g unweit Strafsburg zur entscheidenden Schlacht zwischen den Grafen im Norden und Süden des Landes. Heinrich Siegbert wurde geschlagen und gefangen nach Strafsburg gebracht, wo er, um seine Freiheit wieder zu erlangen, gezwungen wurde, sich mit dem Grafen von Habsburg und der Stadt wider den Bischof und das Haus Geroldseck zu verbinden. 1278 folgte ihm sein Sohn J o h a n n I., ein Anhänger Albrechts von Österreich, auf dessen Seite er bei Göllheim gegen Adolf von Nassau stritt. Er starb 1300, kurz nach ihm auch sein einziger Sohn S i e g m u n d; an die Stelle desselben traten darum Johanns Stiefbrüder aus Heinrich Siegberts zweiter Ehe, unter denen besonders Graf Ulrich von Werth hervortritt, ein treuer Gefährte Ludwigs von Bayern in dessen Thronstreit mit Friedrich von Österreich und sein Genosse auf dem Zuge nach Rom, — der sich darum auch des besondern kaiserlichen Dankes zu erfreuen hatte. 1332 v e r k a u f t e Ulrich unter Zustimmung seiner Verwandten für 2500 Mark die Burg Arnsberg samt dem Städtlein Brumpt[1]) und zahlreichen Dörfern an die Herren von L i c h t e n b e r g [2]),

---

[1]) Brumath, in der Mitte des Weges zwischen Strafsburg und Hagenau am Flüfschen Sorr gelegen.
[2]) Die Stammburg derselben liegt nördlich von Ingweiler im Niederelsafs. Durch bedeutende Erwerbungen (Herrschaften Lemberg mit Pirmasens, Ochsenstein, Schöneck etc.) breiteten sie ihr Gebiet nicht nur in einem weiten Ringe um den Hagenauer Forst hin aus, sondern auch auf der rechten Rheinseite von Strafsburg abwärts. Schliefslich bestand es aus 10 ansehnlichen Ämtern mit über 100 Dörfern. Über die durch das 1480 erfolgte kinderlose Absterben Jakobs, Herrn zu Lichtenberg, begründeten Erbschaftsverhältnisse vergl. Terr.-Gesch. S. 328.

welche somit ihren Besitz ansehnlich mehrten. 1336 aber suchte er die verwickelten Lehnsverhältnisse der Landgrafschaft zu dem Bischof von Strafsburg zu ordnen, in die nun sofort sein Sohn Johann II. eintrat. Zur Übernahme der Regierung war derselbe jedoch nach seiner leiblichen und geistigen Beschaffenheit nicht fähig; Ulrich stellte ihm darum die gräflichen Brüder Friedrich und Ludwig von Öttingen zur Seite, von denen der erstere Johanns II. Schwager, Gemahl seiner Schwester Adelheid war. Als die beiden Brüder nach Ulrichs Tode (1344) zu gröfserer Selbständigkeit gelangt waren, ging ihr Bestreben dahin, sich des ihren schwäbischen Stammgütern ferngelegenen Besitzes zu entäufsern. Gegen die Reichsstädte Dinkelsbühl und Bopfingen, die ihnen bereits verpfändet waren, und Zahlung von 16 000 Pfund Hellern wollten sie die Landgrafschaft an K. Karl IV. überlassen; die Verhandlungen führten indessen nicht zum Ziel, da der Kaiser für reichsunmittelbar angesehen hatte, was zum ansehnlichen Teile bei dem Bischof von Strafsburg, dem Herzog von Lothringen und andern Herren zu Lehen ging. Indessen setzten die Öttinger ihre Bemühungen, zum höchsten Preise loszuschlagen, was an Gut und Recht der Landgrafschaft verblieben war, mit noch gröfserm Eifer fort, als 1347 Graf Friedrich gestorben und Ludwig der Jüngere an dessen Stelle getreten war. Schon im folgenden Jahre kamen für 14 880 Goldgulden Werth[1]), Hüttenheim, Metzenheim, Hindisheim, auch Herbolsheim in der rechtsrheinischen Ortenau an das Stift; 1349 folgten für weitere 30 000 Gulden die übrigen Strafsburger Stiftslehen nach, welche die Landgrafen besafsen, insbesondre die Frankenburg im Weilerthal mit den von ihr abhängigen Orten, das Recht der Wiedereinlösung von Werth u. s. f., sowie ohne Rücksicht auf die Lehnshoheit der Herzöge von Lothringen der Ort St. Bilt[2]), die Künigsburg etc. Als kaiserliches Lehen kam zuletzt (um 1352) auch noch Erstein mit Genehmigung Karls IV. in den Pfandbesitz des Bischofs, welcher somit als der eigentliche Erbe der niederelsässischen Landgrafen angesehen werden kann, wie denn auch noch während einer geraumen Zeit die ehemaligen landgräflichen Güter getrennt von den bischöflichen Tafelgütern verwaltet worden sind. Johann II. aber, der letzte Landgraf, nunmehr ohne Land, starb 1376 als Bürger der freien Reichsstadt Strafsburg.

§ 18. — Nach dem Erlöschen des Geschlechtes der Landgrafen im Niederelsafs „bildete sich dieser Landesteil allmählich zu denjenigen staatsrechtlichen Formen aus, in welchen der 30jährige Krieg ihn vorgefunden"[3]). Ein geschlossenes Territorium, wie im Oberelsafs, findet

---
[1]) Ort unweit Strafsburg, zwischen Ill und Ischer.
[2]) Südwestlich von Schlettstadt.
[3]) v. Stramberg bei Ersch und Gruber. — Eine noch genauere kartographische Darstellung der im nachfolgenden Abschnitt genannten kleinen Territorien, als sie mittels der diesem Hefte beigegebenen Übersichtskarte dargeboten werden konnte, findet sich auf dem schon in dem Vorworte zur Territorialgeschichte genannten, meisterhaft gearbeiteten Blatte 47 des „historischen Atlas von Spruner-Menke".

sich nicht vor; vielmehr gestaltet sich ein getreues Abbild des vielzerrissenen rechtsrheinischen Schwabenlandes aus. Rang und Besitz weisen dem Bischof von Strafsburg die erste Stelle unter den Reichsständen an [1]). Ihm gehören, aufser einem bedeutenden Lehnhofe, die Ämter Zabern, Kochersberg, Dachstein, Schirmeck und Mutzig, Benfelden, Markolsheim und Wanzenau. Das Domkapitel insbesondre ist mit der Pflege Frankenburg, dem südlichen Teil des Weilerthales, ausgestattet. Das Geschlecht der Grafen von Lützelstein *(Petitepierre* [2])) erlischt 1460, nachdem der letzte des Stammes sein Erbe an die Pfalzgrafen verloren. Dagegen fällt die Herrschaft Dagsburg [3]) nach dem Aussterben der ursprünglichen Besitzer an die Grafen von Leiningen, die Herrschaft im Weiler- (oder Albrechts-) thal [4]) erkauft Österreich von den schwäbischen Grafen von Hohenberg; 1551 gelangt sie in den Pfandbesitz der Freiherren von Bollweiler, deren Erben die Fugger geworden sind. Künigsburg (unweit Schlettstadt) wird von den Herzögen von Lothringen als den Lehnsherren nach und nach verschiedenen Adelsfamilien überlassen, unter denen sich auch wieder das Haus der Fugger, zuletzt aber das der Sickingen befindet. 1584 verlaufsern die Herren von Rathsamhausen die Herrschaft im Steinthal an die Pfalzgrafen von Veldenz. Die freie Reichsstadt Strafsburg, „längst schon reich und blühend durch die Vorteile ihrer Lage und der Bewohner Betriebsamkeit, auch mächtig durch des Regimentes seltene Weisheit" [5]), erkauft nach und nach die Herrschaften Barr, Wasselnheim

---

[1]) Die Begründung des Bistums Strafsburg *(Episcopatus Argentinensis)* soll durch denselben fränkischen König Dagobert I. gegen die Mitte des 7. Jahrhunderts erfolgt sein, der im Elsafs die Herzogswürde schuf. Der erste bekannte Bischof ist Remigius (776), der als ein „Graf im Elsafs" bezeichnet wird. Mit ihm beginnt die Reihe der 66 Bischöfe, welche der Kirche zu Strafsburg vorgestanden und als Diener des Reiches auch weltliche Güter verwaltet haben, bis die französische Revolution selbst deren letzte Reste säkularisierte. Nachgeborne Söhne deutscher Kaiserhäuser, Herzöge zu Bayern, Markgrafen zu Brandenburg (s. Terr.-Gesch. S. 87) finden sich auf dem Stuhle der Strafsburger Fürstbischöfe. Als die freie Reichsstadt sich der Reformation zugewandt hatte, verblieb nur die Domkapitel bei der der mainzischen Kirchenprovinz zugeteilten Kathedrale; der Bischof aber verlegte seinen Sitz nach Elsafs-Zabern *(Taberna, Saverne).* — Während des auch für die Gestaltung der Verhältnisse im Fürstbistum verhängnisvollen 30jährigen Krieges hatten nacheinander (1607—62) die Erzherzöge Leopold und Leopold Wilhelm die fürstliche Würde inne.
[2]) Westlich von Hagenau und Buchsweiler, mitten im Wasgengebirge gelegen.
[3]) Auch Dachsburg. Infolge dieser Erwerbung teilte sich nachmals das Haus Leiningen, dessen Stammbesitzungen (mit Dürkheim) inmitten der pfälzischen Lande, südlich vom Donnersberg lagen, in die Linien Westerburg und Dachsburg. Vergl. Terr.-Gesch. Seite 344.
[4]) Samt der Herrschaft im Steinthal nordwestlich von Schlettstadt im Gebirge, um die Quellen der Flüsse Breusch und Cher gelegen.
[5]) An der Stelle des in der Völkerwanderung völlig verwüsteten und verschollenen *Argentoratum* (S. 32) erbauten die Nachfolger Chlodwigs eine neue Stadt, die wegen des Zusammentreffens wichtiger Verkehrsstrafsen schon seit dem 6. Jahrhundert den Namen *Stratisburgum* erhielt. (Max von Schenken-

und Marlen nebst dem Amte Darolsheim, und gelangt dadurch zu fürstlichem Besitze. Noch ungleich ausgedehnter wird das über den Rhein in die Ortenau hinausgreifende Gebiet der Herren von Lichtenberg¹). Die Grafschaft Hanau-Lichtenberg umfafst schliefslich die Ämter Buchsweiler, Ingweiler, Pfaffenhofen, Brumath, Hatten, Kutzenhausen, Ossendorf, Werth, Westhofen, Wolfisheim; auch die Herrschaft Oberbronn steht seit der Mitte des 16. Jahrhunderts zu ihr in näherem Verhältnisse. Die Baronie Fleckenstein mit ihrem langgestreckten Gebiete ist im Besitze eines nach ihr benannten freiherrlichen Geschlechtes. Die Äbte der ansehnlichen Benediktinerabtei Maursmünster²) suchen, wiewohl nicht mit gewünschtem Erfolge, ihre Reichsfreiheit zu behaupten; sie werden schliefslich Lehnsträger der Fürstbischöfe von Strafsburg. Unter lothringenscher Hoheit stehen aufser dem Städtchen St. Bilt verschiedene Güter im Leberthal³). Die zahlreiche Reichsritterschaft schliefst sich nach dem Vorbilde der fränkischen, rheinischen, schwäbischen Bündnisse auch im Elsafs zu einem Vereine zusammen, der seine Vorrechte und Freiheiten gegen unbefugte Angriffe zu verteidigen strebt.

---

dorf nennt sie „die Stadt, die an den Strafsen des falschen Frankreichs liegt".) Der Rhein flofs damals und auch wohl noch im Mittelalter näher an den festen Bollwerken vorbei, als in späterer Zeit, da er sich ein anderes Bett gesucht. Wegen des in ihr erbauten Palatiums wurde sie oft zum Aufenthalte deutscher Könige bestimmt; ihre ausgezeichnete und zugleich gefährliche Lage aber bewirkte, dafs sie den Kämpfen kaiserlicher Macht mit den grofsen Vasallen, namentlich den Herzögen von Schwaben und Lothringen, nicht fern bleiben konnte. Als Anhängerin K. Heinrichs II. wurde sie im Jahre 1008 von dessen Gegnern zerstört, doch aber nach kurzer Zeit wieder aufgebaut; zugleich legte Bischof Werner von Habsburg 1015 den Grund zum Münster, dessen Schiff 1275 vollendet war, so dafs Erwin von Steinbach zwei Jahre später den Turmbau beginnen konnte. — Ursprünglich wurde alle Gewalt in der Stadt durch den Bischof geübt; ihm hatten die Bürger Herrendienste zu leisten, und seine Ministerialen machten einen privilegierten Stand aus. Die zunehmende Bedeutung des Ortes aber änderte auch hier schon unter den Hohenstaufen das Verhältnis; ein Recht nach dem andern wufste der Rat dem Bischof abzuringen, oft in heifsem Kampfe, bis dann endlich — vermutlich durch Philipp von Schwaben — die volle Reichsfreiheit Strafsburgs anerkannt wurde und Bischof Heinrich von Stahleck einem Vertrage seine Zustimmung gab, durch welchen im wesentlichen das Stadtregiment auf die Bürgerschaft selber überging. Indessen wurde, wie so mancher andre, so auch dieser Vertrag, nicht gehalten, und es bedurfte noch des sogenannten, oben bereits erwähnten „Waltherianischen" Krieges, um neue Grundlagen für das Verhältnis zwischen Bischof und Stadt zu gewinnen (1263).

Die Bedeutung, welche Strafsburg im spätern Mittelalter für die deutsche Kultur und für die Ausbreitung der Reformation in den oberrheinischen Landen gewonnen, gehört der allgemeinen Geschichte an und liegt der vorliegenden Darstellung ferner.

¹) Seite 36, Anm. 2.
²) *Marmoutier*, in der Mitte zwischen Strafsburg und Pfalzburg gelegen.
³) Mit Markirch (*St. Marie*) an der westlichen Grenze von Rappoltstein, nach dem bei Schlettstadt in die Ill mündenden Flüfschen Leber oder Lober benannt.

Der Titel der erloschenen Landvogtei im Niederelsaſs aber geht auf „das Reich" von Hagenau über[1]).

§ 19. — Der Tod Gustav Adolfs war für den Kardinal Richelieu das Zeichen, seine Bemühungen zur Ausdehnung französischer Hoheit über die reichsständischen Gebiete im Elsaſs zu verdoppeln. Während schwedische Truppen von ihrem stark befestigten Stützpunkte Benfelden aus die Kräfte des Landes erschöpften, wuſste er mit schlauer Berechnung bald hier, bald dort den Wunsch aufkommen zu lassen, es möge der Krone Frankreich das Schutzrecht zufallen, welches zu üben das Reich nicht mehr imstande sei. Die Niederlage der Schweden bei Nördlingen begünstigte das Bestreben des Kardinals auſserordentlich. Oxenstierna sah sich genötigt, aus den elsässischen Städten die schwedische Besatzung herauszuziehen, an deren Stelle sofort der französische Marschall de la Force mit einem Heere von 30 000 Mann erschien, welches zugleich beauftragt war, sich durch freundliches Entgegenkommen die Sympathie der Bewohner zuzuwenden. Nur bei dem Rate Straſsburgs erwiesen sich die französischen Überredungskünste noch als unwirksam. Derselbe sah sich vielmehr veranlaſst, mit dem heranrückenden kaiserlichen General Gallas in Verhandlungen zu treten, um die gestörten Verhältnisse der Stadt zum Reiche wieder in Ordnung zu bringen.

Da erschien Herzog Bernhard von Weimar mit seinen Scharen im Elsaſs, um sich „mit seinem Degen ein neues Fürstentum zu zimmern", nachdem sein Vorhaben, aus den Stiftern Würzburg und Bamberg ein fränkisches zusammen zu bringen, durch die Niederlage von Nördlingen vereitelt worden war. Um seinen Zweck zu erreichen, verschmähte er es nicht, französische Hülfsgelder anzunehmen und 1637 durch den

---

[1]) Die reichsfreien Städte im Niederelsaſs Hagenau, Schlettstadt, (Kron-)Weiſsenburg, auch das nur zeitweilig mit zu dieser Provinz gerechnete Landau, Oberehnheim, Rosheim, die ihre Unmittelbarkeit zumeist den bürgerfreundlichen Hohenstaufen verdankten (Hagenau war 1164 reichsunmittelbar geworden, ihre Genossinnen sahen zumeist durch K. Friedrich II. ihre Wünsche erfüllt), hatten mit denen des Oberelsasses Kolmar, Kaisersberg, Thüringheim und Münster im Gregorienthal (Mülhausen war abgefallen und hatte sich dem Schutze der Schweizerkantone unterstellt) zu gegenseitiger Verteidigung ihrer Rechte einen Bund geschlossen, dem auch die 41 innerhalb ihrer Gebiete belegenen Dörfer angehörten. Seine völlige Ausbildung erhielt derselbe 1353 unter Beteiligung K. Karls IV. Als sein „allgemeiner Beschützer" wurde ihm ein kaiserlicher Landvogt vorgesetzt, der, wohl um des benachbarten groſsen Reichsforstes willen, seinen Sitz in Hagenau nahm. Überhaupt hatte derselbe nicht nur den Landfrieden aufrecht zu halten, sondern auch die zahlreichen, zerstreut liegenden Reichsdomänen unter seine Obhut zu nehmen. Das Amt wurde mit der Zeit als ein so einfluſsreiches angesehen, daſs selbst Prinzen aus den ersten Fürstenfamilien des Reiches dasselbe übernahmen. Seit den Zeiten K. Ruprechts bis 1504 und dann wieder von 1530 an wurde es von dem pfalzgräflichen Hause ausgeübt, zuletzt als eine Pfandschaft des Hauses Österreich, welche K. Ferdinand I. im Jahre 1558 einlöste. — Übrigens bildeten die kleinen Orte Kaisersberg, Thüringheim und Münster im Gregorienthal als „Reichsvogtei Kaisersberg" mit der Zeit noch einen engern Bund.

Vertrag von St. Germain ganz in Frankreichs Sold zu treten; in Frankreichs Auftrag zog er in die Freigrafschaft Burgund, um dieselbe den Spaniern zu entreifsen. Durch seinen zweimaligen Sieg bei Wittenweier über Johann von Werth konnte er der Erstürmung der von ihm jenseit Rheinau[1]) angelegten Schanzen durch diesen tapfern Reiterführer der Kaiserlichen nicht vorbeugen; die glänzend gewonnene Schlacht bei Rheinfelden (3. März 1638), die furchtbare Belagerung und endliche Kapitulation der Feste Breisach (17. Okt.), verbunden mit der Vernichtung des von Karl von Lothringen herzugeführten Entsatzheeres bei Thann schienen jedoch den ritterlichen Herzog dem Ziele nahe gebracht zu haben. Seine Pläne liefs er von nun an deutlich hervortreten. Er weigerte sich, in die eroberte Festung eine französische Besatzung aufzunehmen; im Sund- und Breisgau richtete er eine besondere Verwaltung ein, deren Geschäfte er selbst mitten in den Kriegsunruhen zu leiten versuchte; mit dem Schweden Banér und mit Hessen-Kassel trat er in Verhandlungen, welche die Befestigung seiner Herrschaft bezweckten, während er glaubte, die Franzosen dadurch zufrieden stellen zu können, dafs er ihnen die den Spaniern entrissene Freigrafschaft überantwortete. Aber Richelieu gedachte, dem aufstrebenden deutschen Adler frühzeitig „Flügel und Klauen zu beschneiden". Den Gesandten des Herzogs, v. Erlach, brachte er durch Bestechung auf seine Seite, so dafs er in Frankreichs Interesse zu wirken, Breisach dieser Macht zu erhalten versprach; Marschall Guébriant aber forderte die unverzügliche Auslieferung aller Eroberungen, die Bernhard — angeblich nur im Auftrage Frankreichs — im Elsafs gemacht. Schon drohte die Verwicklung einen blutigen Ausgang zu nehmen; da wurde Herzog Bernhard in Hüningen von einem hitzigen Fieber befallen, an welchem er, in einer Sänfte nach Neuenburg gebracht, schon nach wenigen Tagen verstarb (18. Juli 1639[2]).

So scheiterte der letzte Versuch, das Elsafs als gesondertes Fürstentum dem Reiche zu erhalten, an dem erschütternden Tode des Fünfunddreifsigjährigen. Deutschland hatte einen grofsen Mann verloren, der „mutmafslich imstande gewesen wäre, seinem Vaterlande Frieden und Macht zurück zu geben". Sein Testament forderte, dafs die von ihm gesammelten Truppen bei einander bleiben sollten; aber es war französischem Golde ein Leichtes, die Brüder Bernhards mit ihren Forderungen abzuweisen und allen Mitbewerbern um die hinterlassenen Söldnerscharen den Rang abzulaufen. Letztere traten in Frankreichs

---

[1]) Oberhalb Strafsburg, nordöstlich von Schlettstadt, an der Mündung des Flüfschens Ischer in den Rhein.
[2]) „Es wäre wunderbar gewesen, wenn nicht die bestimmteste Behauptung Platz gegriffen hätte, dafs jene politische Differenz durch eine gewaltsame That des Kardinals von Frankreich zu Ende geführt worden sei. Man glaubte an die Vergiftung des Herzogs, weil die allgemeinen Umstände und die persönlichen Schicksale hier so gleichsam absichtsvoll ineinander griffen, dafs man die Hand zu sehen meinte, welche dies alles bewirkte." Lorenz und Scherer a. a. O., pag. 103.

Dienst und folgten fortan Guébriants Fahnen. List und Trug gewannen in kürzester Frist die Kommandanten der festen Plätze des Landes; den Kreaturen des Kardinals erklärten sie ihre Unterwerfung und folgten damit dem Beispiele des Verräters v. Erlach zu Breisach. Aufser dieser wichtigsten Thorburg des Landes waren schon nach wenigen Monaten Kolmar, Ensisheim, alle Herrschaften im Sundgau nebst zahlreichen Städten im Nordgau **aufser Strafsburg** dem Feinde in die Hände gefallen. Richelieu starb (1642) in dem Bewufstsein, dafs das Elsafs **französisch geworden sei**. Als Mazarin an die Spitze der Regierung trat, zog sich der Krieg in die nach Osten zu liegenden Gebiete zurück. Wie es schien, war der Rhein zur Grenze Frankreichs geworden, welches bereits in aller Stille, aber zugleich auch mit allem Nachdruck begann, die Verwaltung nach seinem eigenen Systeme umzugestalten, um dadurch einem günstigen Friedensschlusse vorzuarbeiten. Bedrohlich wurde zwar 1644 der bayerische Sieg bei Tuttlingen auch für den Besitz des Oberrheines; der nach Guébriants Tode zum Oberbefehlshaber des französischen Heeres ernannte General Turenne wufste jedoch durch geschickte Operationen, selbst durch die Besetzung von Mainz und Philippsburg, allen Schaden für Frankreich fernzuhalten.

§ 20. — Unter solchen Umständen begannen 1645 die **Friedensverhandlungen zu Münster und Osnabrück**. Der durch den Gesandten d'Avault alsbald gestellten Forderung einer angemessenen Entschädigung „der Anstrengungen, Verluste und Ausgaben" Frankreichs glaubte der kaiserliche Gesandte, Graf Trautmannsdorf, durch Zuweisung der Souveränetätsrechte über die Bistümer Metz, Toul und Verdun genügen zu können. Dagegen erwiderten die französischen Diplomaten, dafs über Länder, welche Frankreich von alters her ohnedies besitze, nicht zu verhandeln sei; dasselbe begehre vielmehr die Abtretung des **Ober- und Niederelsasses, Breisachs** und des ganzen Breisgaues, der vier österreichischen **Waldstädte** Rheinfelden, Waldshurt, Säckingen und Laufenburg, sowie der Festung **Philippsburg** mit ihren Gebieten. Den Vertretern der deutschen Reichsstände erschienen diese Forderungen hinwiederum als übertriebene, nur geeignet, die Verhandlungen in die Länge zu ziehen. Erst dann nahmen dieselben ihren Fortgang, als Mazarin sich Bayerns Unterstützung zu sichern gewufst und zur Zahlung einer Geldentschädigung von drei Millionen Gulden für den Erzherzog Leopold, seitherigen Regenten Vorderösterreichs, erboten hatte. Der Abtretung des Unterelsasses folgte am 14. April 1646 die der **südlichen Distrikte** samt der auf dem rechten Rheinufer gelegenen Festung Breisach.

Der erst drittehalb Jahre später zu Münster mit Frankreich abgeschlossene Friede erhielt demnach in seinem 11. Artikel folgende Fassung:

Die Oberherrschaft, die Landeshoheit und andere Rechte, welche bisher das römische Reich auf die Bistümer Metz, Toul, Verdun und deren Städte und Gebiete gehabt hat, sollen künftig auf eben die Weise der **Krone Frankreich** zustehen und ihr auf ewig einverleibt sein.

Es begeben sich der Kaiser für sich und das ganze Haus Österreich, wie auch das römische Reich aller Rechte auf die Stadt Breisach, die Landgrafschaft Ober- und Niederelsafs, Sundgau, die Landvogtei der zehn im Elsafs gelegenen Reichsstädte: Hagenau, Kolmar, Schlettstadt, Weifsenburg, Landau, Kaisersberg, Oberehnheim, Rosheim, Münster im Gregorienthale, Thüringheim und alle Dörfer, die zu denselben gehören, und übergeben sie dem allerchristlichsten König und der Krone Frankreich, so dafs die genannte Stadt Breisach samt den Dörfern Hochstedt, Niederimsing, Harten und Acharren und dem ganzen Gebiete, soweit es sich vor alten Zeiten erstreckt hat, nunmehr der Krone Frankreich gehören soll. Ferner sollen die besagten beiden Elsafs und Sundgau, wie auch die zehn Städte mit allen dazu gehörigen Unterthanen, Städten, Dörfern, Schlössern, Wäldern, Bergwerken, Gewässern, Weiden und samt allen Rechten ohne allen Vorbehalt, mit der Oberherrschaft nun bis zu ewigen Tagen dem allerchristlichsten König und der Krone Frankreich zustehn, ohne dafs der Kaiser, das Reich und das Haus Österreich, oder ein andrer widersprechen könne, dafs auch keiner irgend ein Recht oder eine Gewalt in den genannten, dies- und jenseit des Reiches gelegenen Ländern je gebrauchen dürfe[1]).

§ 21. — Kaum hatte sich das Elsafs von den Schrecken des Krieges erholt, als die Bewohner mit immer gröfserer Deutlichkeit erkannten, welche Ausdehnung die Krone Frankreich ihren Hoheitsrechten zu geben gedenke. Die katholischen Landesteile, welche ehemals zu Österreich gehört hatten, leisteten 1650 willig die Huldigung[2]); die zehn Städte aber verlangten ebenso, wie die elsässische Reichsritterschaft, zuvor die Bestätigung der Rechte und Freiheiten, welche das deutsche Reich ihnen ehedem gewährt; namentlich gedachten sie die Beschickung der Reichstage nicht zu unterlassen. Damit war der Grund zu einem vieljährigen Zwiste gelegt, welcher sich nur noch steigerte, da Ludwig XIV. im Jahre 1657 als höchste juristische Instanz in Ensisheim ein Tribunal einsetzte[3]), welches nach französischem Rechte

---

[1]) „Absichtlich, wie es scheint, wurden indessen bei diesen Bestimmungen zwei Punkte dunkel gelassen: die Frage, welche Stellung Frankreich als Oberherr der genannten Reichsgebiete im Reiche selbst einnehmen soll, und sodann, wie sich die Reichsstände ihrerseits zum Reiche zu verhalten haben. In bezug auf den ersten Punkt hatte Frankreich nicht undeutlich seinen Entschlufs ausgesprochen, als Reichsstand in den deutschen Fürstenbund selbst einzutreten; aber dieses Äufserste suchten die kaiserlichen Gesandten auf das entschiedenste zu verhindern. Dagegen wurden die Reichsrechte der unmittelbaren Stände Deutschlands im Elsafs im 12. Artikel des westfälischen Friedens anerkannt, jedoch so, dafs ausdrücklich der früher zugestandenen Oberherrschaft Frankreichs dadurch nichts vergeben sein solle. Es war somit von vorne herein anzunehmen, dafs aus diesen unklaren Verhältnissen neue Ansprüche des unersättlichen Nachbarn sich ergeben würden." Lorenz und Scherer a. a. O., pag. 107.

[2]) Indessen protestierte der Bischof von Basel 1653 auf dem Reichstage zu Regensburg gegen die ohne Rücksicht auf seine Hoheitsrechte vollzogene Abtretung der Grafschaft Pfirt (S. 35) von seiten Österreichs.

[3]) Vier Jahre später wurde dieses gesonderte „Parlament" wieder aufgehoben und mit dem in Metz bestehenden vereinigt.

verfuhr. Des Widerstandes müde, machte der König endlich von seiner Gewalt Gebrauch. Um unerschwingliche Geldforderungen von sich abzuwälzen, erklärte zunächst Kolmar seine volle Unterwerfung unter des Königs Macht. Die Waffen mufsten ausgeliefert, die Mauern und Wälle auf Kosten der Bürgerschaft abgetragen werden. Die übrigen Städte wurden gezwungen, diesem Beispiel zu folgen. Als offene Orte hatten sie in dem um diese Zeit ausgebrochenen Kriege Frankreichs mit Holland und dem deutschen Reiche, dessen Schauplatz nicht zum geringsten Teile im Elsafs lag, um so schwerere Opfer zu bringen; aber der Zweck war erreicht, jedes Widerstreben gegen des Königs Befehle wurde von nun an in allen diesen Städten im Keime erstickt. 1679 bedurfte es nur noch einiger kräftiger Drohungen, und der Adler des deutschen Reiches verschwand von den Rathäusern, das Wappen Frankreichs trat allerwärts an seine Stelle. 1680 wurde die Huldigung unweigerlich geleistet; ein Jahr später erklärte auch die Reichsritterschaft ihre volle Unterwerfung; der Sitz ihres Vorstandes wurde von Strafsburg nach Oberehnheim verlegt.

Während der Friedensverhandlungen zu Nymwegen (1679) machten die kaiserlichen Gesandten den Versuch, die Stellung der elsässischen Gebiete zu den beteiligten Mächten bestimmter zu regeln. Frankreich aber ging nicht auf einen einzigen ihrer Vorschläge ein; vielmehr erklärte Ludwig XIV. gleich nach dem Abschlusse der Verträge und recht zum Hohne für das deutsche Reich, dafs er nach eigenem Ermessen die verwickelten Verhältnisse zu ordnen gedenke. Sofort legte er Hand ans Werk; die schon längst geplante Einrichtung der berüchtigten Réunionskammern wurde nun unter Beteiligung des Ministers Louvois durchgeführt. Bald lieferten die Forschungen in den der französischen Regierung zugänglichen Archiven zur Begründung alter Ansprüche der bisher deutschen, jetzt an Frankreich abgetretenen Gebiete auf benachbarte Landesteile solche Ergebnisse, wie der König sie wünschte. Die zu diesem Zwecke in Doornick *(Tournay)*, Besançon, Metz, Breisach eingesetzten Kammern überboten sich in ihrem Eifer für die Erweiterung der Grenzen Frankreichs. Schon 1680 bezeichnete die Kammer von Tournay luxemburgische und andre niederländische Gebiete als „Dependenzen" Frankreichs; die Kammer von Metz gab in bezug auf Pfalz-Zweibrücken, Nassau-Saarbrücken, die alten Grafschaften Sponheim und Veldenz dieselbe Erklärung ab; die Kammer von Besançon legte dem Herzog von Württemberg die Verpflichtung auf, für seine ursprünglich elsässische Herrschaft Mömpelgard der Krone Frankreich die Huldigung zu leisten, die denn auch trotz mancher Streitigkeiten auf die Dauer nicht geweigert werden konnte; die Kammer zu Breisach endlich entschied, dafs alles weltliche und geistliche, dem Elsafs zuzurechnende Gut an Frankreich gefallen sei; und sofort stand Créqui mit einem ansehnlichen französischen Heere bereit, den erhobenen Ansprüchen Geltung zu verschaffen. Die in Paris vorgebrachten Beschwerden deutscher Fürsten, unter andern des Kurfürsten von der Pfalz, der auf Selz und Germersheim zu verzichten hatte, erwiesen sich als zwecklos und führten für die Kläger nur neue Demütigungen herbei. Ludwig XIV. erklärte sich zwar bereit, die Klagen auf einem Kongresse prüfen zu lassen; aber kaum war letzterer in Frankfurt a. M. zusammen getreten, als auch schon ein lauter Schrei der Entrüstung über die schamloseste aller Réunionen erscholl: **Strafsburg war den Franzosen in die Hände gefallen.**

§ 22. — Das rücksichtsvolle Entgegenkommen, welches die freie deutsche Stadt im Gefühl ihrer Schwäche schon seit dem dreifsigjährigen Kriege Frankreich gegenüber bewiesen hatte, reichte auf die Dauer zur Mäfsigung der Ansprüche dieser Macht nicht zu. Der bereits erwähnte Spruch der Réunionskammer zu Breisach vom Jahre 1680 ging u. a. auch dahin, dafs die Stadt die von alters her zu ihrem Gebiete gehörigen Vogteien Illkirch, Wasselnheim, Barr und Marlen abzutreten und an Frankreich zu verweisen habe. Ludwig XIV. blieb taub gegen alles Bitten und Flehen; der Reichstag zu Regensburg mochte sich nicht einmal zu einer Beschwerde ermannen; der Kaiser in Wien versprach wohl, der wichtigen Grenzfestung des Reiches zur Sicherung ihres Eigentums 6000 Mann zur Hülfe zu schicken, aber es verblieb bei der Zusage; Strafsburg mufste sich in das Unvermeidliche finden. Im folgenden Jahre (1681) beschlofs Louvois, gegen die Stadt selbst vorzugehen, obwohl er sie noch kurz vorher der Anerkennung ihrer Reichsunmittelbarkeit von seiten Frankreichs versichert hatte. Durch den von ihm entsandten Residenten suchte er die Stimmung der Bürgerschaft zu erforschen und eine Partei des Rates durch listige Vorspiegelungen, zugleich aber, wie mit Grund anzunehmen ist, durch Bestechung so sehr für Frankreich zu gewinnen, dafs auch selbst die zunächst liegenden Mafsnahmen zum Schutze der Festungswerke aus den Augen gelassen wurden. Schon waren die französischen Truppen im Elsafs dicht um die Stadt zusammen gezogen, schon hatte sich eine Abteilung derselben unter dem Vorwande, den kaiserlichen den Flufsübergang zu wehren, in den Besitz der Rheinschanze gesetzt, schon war es bekannt geworden, dafs der König Paris zu verlassen gedenke, um sich in Strafsburg huldigen zu lassen, als der deutschgesinnte Teil der Bürgerschaft sich aufraffte, um das Äufserste zu hintertreiben. Man zieh verschiedene Mitglieder der Stadtobrigkeit des Verrats; man bedrohte den französischen Residenten, der geäufsert hatte, dafs die Herren vom Rat auch selbst gegen den Willen des Volkes den belagernden Truppen die Thore öffnen würden; eilende Boten wurden nach Regensburg und Wien entsandt, um schleunige Hülfe zu fordern; doch war alles vergeblich. General Montclar formte aus seinen Kriegsscharen einen immer engern Ring um die Festungswerke und erklärte einer Gesandtschaft des Rates (am 28. September, einem Sonntag), dafs das Schicksal der Stadt unabänderlich beschlossen sei[1]; von dem Benehmen der Bürger werde es abhangen, ob der binnen

---

[1] Dabei scheute er sich nicht, die unwahre Behauptung auszusprechen, schon der westfälische Friede habe die freie Reichsstadt dem Könige zugesprochen, der Friede von Nymwegen habe ihm diesen Besitz bestätigt; nur

kurzem herzukommende Minister Louvois sie in ihren Rechten zu schützen.
oder als Aufrührer zu bestrafen habe.

Trotz dieser strengen Antwort, trotz der Erklärung des alten
Kommandanten, dafs es für eine längere Verteidigung an allem fehle,
dafs die Stadtmauer ihre Festigkeit eingebüfst und die während der
letzten Kriegszeiten eingeschleppte Seuche unter der jungen Mannschaft
stark aufgeräumt habe, mufste nach dem Willen des gröfsten Teiles der
Bürgerschaft die Verteidigung fortgesetzt werden. Als aber am 29. September
1681 der gefürchtete Minister Louvois selber im Lager von
Illkirch eintraf und den Vertretern der Stadt die Drohungen Montclars
mit noch stärkerm Nachdruck wiederholte; als derselbe zur raschesten
Entscheidung drängte und kaum zu bewegen war, die von ihm gewährte
kurze Bedenkzeit bis auf den nächsten Tag auszudehnen, — da sank
auch selbst den Tapfersten der Mut dahin. Vergeblich forderte der
kaiserliche Gesandte die Zünfte und sonstigen Korporationen zu weiterm
Widerstande auf; die französisch gesinnten Ratsherren beredeten das
Volk und erreichten ihren Zweck. Am Mittag des 30. September wurde
in Illkirch die Kapitulationsurkunde unterzeichnet[1]), in

---

aus Gründen der Zweckmäfsigkeit habe derselbe bisher nicht auf seinem Rechte
bestanden, jetzt aber gedenke er die ihm durch die Réunionskammer von Breisach
zuerkannte Souveränetät über das ganze Elsafs samt Strafsburg zur
Geltung zu bringen u. s. f.

[1]) Die zehn Artikel derselben waren in der Nacht vom 29. auf den
30. September nach Anweisung des Rates der Stadt aufgestellt und von
Louvois im wesentlichen gutgeheifsen worden. In der von dem Ratsherrn
Joachim Franz abgefafsten „kurzen, jedoch gründlichen Erzählung der
Ursachen, warum sich die Stadt Strafsburg an den König von Frankreich
ergeben habe", wurde das deutsche Reich angeklagt, dafs es seinen an den
Grenzen belegenen edeln Gliedern keinen Schutz gewähre; und „weil nun
Strafsburg wegen seiner Selbsterhaltung sich gleichsam bis aufs Mark ausgesogen,
aber eben dadurch vollends in Ohnmacht gesunken und für diesesmal
kein Mensch es retten wolle und könne, so folge der natürliche Schlufs, dafs
es besser sei, durch einen erträglichen Akkord den gänzlichen Ruin und
Untergang der Stadt und Bürgerschaft so viel als möglich abzuwenden,
gleichwie ja auch grofse Potentaten schon oft viele Städte und Schlösser,
ja wohl ganze Länder eher dem Feinde übergeben, als der Verwüstung
preisgegeben hätten." — Nach vollzogener Übergabe wurde Strafsburg schon
am Nachmittag des 30. September von 15000 Franzosen besetzt; gleich am
folgenden Morgen begann der grofse Vauban den Bau einer neuen Festung
im französischen Stil. Am 3. Oktober bestätigte der König die Kapitulation
mit der Zusage, dafs sie auf sein königliches Wort buchstäblich solle erfüllt
werden. Am 4. leisteten ihm die Ratsherren der Stadt den Eid der Treue:
diejenigen unter ihnen, welche in seinem Interesse gewirkt hatten, wie
Dr. Güntzer, Obrecht u. a., hatten sich seines besondern goldnen Dankes zu
erfreuen. Dem Fürstbischof Egon von Fürstenberg, dessen Sehnsucht schon
längst auf Frankreich hin gerichtet war und der seine Wünsche nunmehr
vollauf erfüllt sah, schenkte der König „zum Lohn für seine Treue" die in
Strafsburg gelegene „Residenz" seiner Vorfahren in der bischöflichen Würde;
am 20. hielt derselbe seinen festlichen Einzug und nahm auch wieder von
dem Münster für seine Kirche Besitz, wiewohl „seine Herde in diesem Augenblick
kaum einen Winkel des grofsen Gotteshauses zu füllen imstande war".
Am 23. folgte der König selber im Triumphe, nachdem die Bürger alle ihre

welcher die Stadt „nach dem Beispiele des Herrn Bischofs von Strafsburg" den König von Frankreich als ihren souveränen König und Schutzherrn anerkannte. Ihre kirchlichen und politischen Vorrechte sollten unangetastet bleiben, auch wurde, vorbehaltlich der Rückgabe des Münsters an die Katholiken, freie Religionsübung zugestanden. Der offenbare, freche Raub der alten freien Stadt, die von jeher als ein Hauptthor des deutschen Landes gegolten, rief überall im Reiche eine Entrüstung gegen die französischen Gewaltherrscher hervor, die nach blutiger Vergeltung verlangte. Kaiser Leopold suchte der allgemeinen Stimmung nachzugeben und die dem deutschen Namen angethane Schmach zu tilgen. Er wies das auf Feststellung einer definitiven Grenzlinie zwischen Frankreich und Deutschland hin gerichtete Anerbieten Frankreichs zurück und schenkte auch dessen Zusage, von allen weiteren Annexionen abstehen zu wollen, sofern die Abtretung Strafsburgs durch den noch immer fortgesetzten Frankfurter Kongrefs bestätigt würde, kein Gehör. Zu entscheidenden Thaten kam es jedoch auch jetzt nicht. Die rheinischen Kurfürsten waren für Frankreich gewonnen, oder aber jeder Verwicklung mit dieser Macht abgeneigt; Brandenburgs grofser Kurfürst aber hatte eben erst durch den Nymweger Frieden zu seiner tiefsten Erbitterung erfahren, welchen Dank er vom deutschen Kaiser zu erwarten habe. Vergeblich war darum des letztern Bündnis mit Sachsen, Bayern, Braunschweig-Lüneburg, Hessen; völlig wirkungslos wegen des Einfalls der Türken in seine Erblande und der Belagerung seiner Hauptstadt, die seine Aufmerksamkeit nach einer andern Richtung hinlenkte und so sehr vom Rheine abzog, dafs Ludwig XIV. ungescheut in die Niederlande einfallen, Luxemburg und Trier zur Übergabe zwingen konnte und sich bei alledem noch seiner Friedensliebe rühmen durfte, die es verabscheue, sich des Gegners Not zu nutze zu machen. Dem zwanzigjährigen Waffenstillstande mit Frankreich, zu dem sich Wilhelm von Oranien, Erbstatthalter der Niederlande, 1684 genötigt sah, traten Kaiser und Reich sofort bei; es wurde beschlossen, dafs Frankreich im **faktischen Besitze Strafsburgs** samt den Befestigungen am Rheine, sowie aller bis zum 1. August 1681 ausgesprochenen Réunionen verbleiben, die seitdem genommenen Güter aber zurückgeben und sich jedes weitern Anspruchs enthalten solle.

Wie Ludwig XIV. den verabredeten Stillstand auffafste, zeigte der nun bald um nichtiger Gründe willen angezettelte **pfälzische Krieg** mit seinen schändlichen Verwüstungen, die erst nach neunjähriger Dauer ihr Ende erreichten. Das Elsafs hatte sich während dieser Schreckensjahre innerer Ruhe zu erfreuen; doch sah es sich mehr und mehr von neuerbauten starken Festungen (Hüningen, Belfort, Fort Louis, Landau, Luxemburg, dem Mont Royal an der Mosel) umklammert, welche den Bewohnern jede nochmalige Annäherung an Deutschland unmöglich

---

Feuerwaffen abgeliefert hatten; er gab Befehl, die neu geplanten Befestigungen aufs rascheste zur Ausführung zu bringen, um von diesen Zwingburgen aus den Freiheitssinn der Bewohner gänzlich aus der Stadt auszutreiben.

machen sollten. Die endgültige Entscheidung der Besitzfrage führte erst der Friede von Ryswik (1697) herbei, der die seit längerer oder kürzerer Zeit von Frankreich behaupteten rechtsrheinischen Orte (Freiburg, Breisach, Kehl und Philippsburg) Österreich überantwortete, wogegen die Herrschaft im Elsafs in ihrem ganzen bisherigen Umfange Frankreich zufiel, welchem auch, und nunmehr endgültig, Strafsburg mit dem linksrheinischen Teile seines Gebietes und mit allen Rechten, welche das deutsche Reich in der Stadt besessen hatte, überwiesen wurde. — So hatte Ludwig XIV. seinen Zweck erreicht; die Verhältnisse, welche er durch seinen schnöden, mitten im Frieden vollzogenen Raub geschaffen hatte, waren für zu Recht bestehend erklärt worden.

§ 23. — Während des spanischen Erbfolgekrieges gestalteten sich zu verschiedenen Malen die Umstände so, dafs die Zurücknahme des Elsasses oder doch einzelner Orte und Distrikte desselben wohl möglich gewesen wäre. Indessen traten vor den Sonderinteressen des Hauses Österreich die des deutschen Reiches von nun an völlig in den Hintergrund; der Rastatter Friede (1714) bestätigte den vorigen elsässischen Besitzstand für Frankreich, welches zudem Landau behielt und sich von nun an in Neubreisach des Meisterstückes Vaubanscher Festungsbaukunst zu erfreuen hatte.

Während der jetzt folgenden langen Friedensperiode[1]) war es Frankreichs Bemühen, nicht nur durch Hebung des materiellen Wohlstandes, durch Begünstigung des katholischen Bekenntnisses, Einführung einer verbesserten Rechtspflege, Zurückdrängung der deutschen Sprache u. s. w. das Elsafs mehr und mehr an sich zu ketten[2]) und das neuerworbene Land mit den älteren Provinzen zu einem einheitlichen Staatskörper verwachsen zu lassen, sondern auch allmählich die Bande zu lösen, welche noch immer einzelne Gebiete an das deutsche Reich knüpften. Mancherlei Verhandlungen wurden zu dem Zwecke eröffnet, zahlreiche Verträge, zumeist allerdings von sehr untergeordneter Be-

---

[1]) Nur während des österreichischen Erbfolgekrieges wurde dieselbe für einige Zeit unterbrochen. Als im Jahre 1748 König Georg II. von England als Bundesgenosse der Kaiserin Maria Theresia mit der von ihm in Norddeutschland gesammelten „pragmatischen" Armee bei Dettingen unweit Aschaffenburg die Franzosen unter Noailles geschlagen hatte, drang Prinz Karl von Lothringen über den Rhein vor, besetzte zahlreiche Städte im Elsafs und machte Miene, dieses Land für Deutschland wieder zu erobern. Der Beginn des zweiten schlesischen Krieges vereitelte sein Unternehmen.

[2]) Bekannt ist, dafs die Umgestaltung des Volkslebens trotzdem nicht gelungen ist. „Anderthalb Jahrhunderte," so berichtet ein Geschichtsschreiber des Zeitalters der Revolution, „ist das Elsafs bereits durch ein politisches Band mit Frankreich verknüpft; aber immer noch trägt es zum gröfsten Teile das Gepräge des Mutterlandes. Deutsche Sitte, deutsche Sprache sind besonders unter den höheren und mittleren Ständen vorherrschend geblieben, auf dem Lande sowohl wie in den Städten. Deutsch sind die Trachten und Belustigungen des Volkes; auch der Unterricht wird auf deutsche Weise erteilt."

deutung, mit den zeitigen Besitzern der letzteren abgeschlossen, durch welche deren förmliche Mediatisierung bewirkt wurde. Sie traten zur Krone Frankreich in das Verhältnis von Standesherren, hatten sich übrigens im allgemeinen einer wohlwollenden Beachtung zu erfreuen. Von den Grundsätzen der Revolution, zu denen auch die Gleichförmigkeit des Rechtes im gesamten Umfange von Frankreich gehörte, konnten indessen die Privilegien ausländischer Fürsten nicht länger aufrecht erhalten werden [1]). Schon im Jahre 1790 wurden dem Erzbischof von Mainz die ihm vertragsmäfsig zugesicherten Metropolitanrechte im Elsafs genommen und die geistlichen Güter, auch die innerhalb der Grenzen des Gebietes liegenden Besitzungen des Johanniterordens, sowie der Bischöfe von Speier und Basel eingezogen; die Kirche zu Strafsburg verlor nun auch die letzten Reste ihrer Selbständigkeit in bezug auf linksrheinische Habe [2]). Den weltlichen Herren wurde bereits angedeutet, dafs der Fortbestand ihrer an den Grund und Boden geknüpften Gerechtsame mit der staatlichen Oberhoheit nicht im Einklang stehe, und dafs eine Änderung des Verhältnisses unerläfslich sei. Der Ritterschaft und den ehemaligen freien Reichsstädten wurde bemerkt, dafs sie durch die Entsendung von Abgeordneten zur Nationalversammlung den Beschlüssen der letztern von vorn herein zugestimmt und auf ihre bisherigen Vorrechte Verzicht geleistet hätten.

Zwar führten die Bischöfe, der Abt zu Murbach, der Grofsprior des Johanniterordens so lebhafte Beschwerde bei dem Reichstage, dafs Kaiser Joseph II. sich bewogen sah, der französischen Regierung Vorstellungen über ihr rechtswidriges Verfahren zu machen. Nach seinem Tode wurden dieselben schon im Dezember 1790 von Leopold II. wiederholt. Die gesetzgebende Versammlung in Paris erklärte, dafs die Angelegenheit nicht vor den deutschen Reichstag gehöre, und dafs die im Elsafs begüterten deutschen Fürsten verpflichtet seien, sich den Verfügungen des Parlamentes zu unterwerfen; indessen wurde gleichfalls zugestanden, dafs man denselben eine Entschädigung für die ihnen entrissenen Rechte und Einkünfte schuldig sei, und es wurde am 1. Februar 1792 das Gesuch an den König gerichtet, die hiernach erforder-

---

[1]) Ihren deutlichsten Ausdruck fand diese generalisierende Thätigkeit der französischen Generalversammlung in der bereits gegen Ende des Jahres 1789 vollzogenen Einteilung Frankreichs in Departements, „bei deren Abgrenzung die neuen Regulatoren vor allem dafür sorgten, das früher Zusammengehörige auseinander zu reifsen, das Fernstehende zusammen zu schweifsen, überhaupt alle Erinnerungen an die bisherige landschaftliche Gliederung in Sache und Wort möglichst zu vernichten, das Volk seinen nationalen Erinnerungen zu entfremden." Das Elsafs zerfiel von nun an in die Departements *du haut Rhin* (mit der Hauptstadt Kolmar) und *du bas Rhin* (mit Strafsburg). Die Grenze beider zog sich vom Rheine bei Markolsheim zwischen Schlettstadt und Rappoltsweiler und in gleicher Entfernung von beiden Städten nordwestlich zum Wasgau.

[2]) Unter der Hoheit des deutschen Reiches verblieben dem Bistum somit nur noch die auf der rechten Rheinseite gelegenen, S. 38 nicht mit aufgeführten Ämter Oberkirch in der Ortenau (mit Oppenau, damals Noppenau) und, davon getrennt, Ettenheim im Breisgau.

lichen Verhandlungen in die rechten Wege zu leiten. Die ersten, welche sich für die ihnen abhanden gekommenen Zehnten und sonstigen Gefälle durch Geldsummen abfinden ließen, waren die Fürsten von Löwenstein-Wertheim und Salm-Salm. Jede weitere Übereinkunft wurde durch den 1792 begonnenen Krieg der verbündeten Mächte Österreich und Preußen gegen Frankreich unmöglich gemacht[1]). Erst der Baseler Separatfriede Preußens mit der Republik[2]) brachte die Verhandlungen wieder in Fluß. Zunächst (7. August 1796) unterzeichnete Württemberg einen ähnlichen Vertrag, in welchem es „auf alle seine Rechte an das Fürstentum *Montbéliard* (Mömpelgard), die Herrschaften *Héricourt* und *Passavant*, die Grafschaft Horburg, die Herrschaften Reichenweier und Ostheim und überhaupt an alles Eigentum, an alle Gerechtsame, Gefälle und Grundrenten, die es auf dem linken Rheinufer besaß, mit Einschluß aller Rückstände, auf die es Anspruch machen könnte," verzichtete. Dagegen übernahm die französische Republik die Verpflichtung, den König von Württemberg für seine Abtretungen vollauf zu entschädigen. Als die zu diesem Zwecke zu verwendenden Objekte wurden bereits das Amt Ettenheim, das später an Baden gefallene Amt Oberkirch des ehemaligen Bistums Straßburg, sowie die Abtei Zwiefalten und die gefürstete Probstei Ellwangen bezeichnet[3]).

§ 24. — Die zur Zeit der Schreckensherrschaft von Paris aus auch nach Straßburg übertragenen Wirren mit ihren das ganze Land schwer

---

[1]) Unter den Gründen für denselben wurde auch der geltend gemacht, daß es notwendig sei, „Maßregeln zur Behauptung der reichsständischen Besitzungen und Rechte gegen Frankreichs unleidliche Anmaßungen zu ergreifen."
[2]) S. Terr.-Gesch. § 117.
[3]) Als ein Zeichen der beginnenden Oberherrschaft Frankreichs über die westdeutschen Staaten wurde das auch von dem Könige von Württemberg damals gegebene Versprechen angesehen, er wolle, wenn der deutsche Reichstag über den Frieden mit Frankreich verhandeln werde, seinen ganzen Einfluß aufwenden, um den Rheinstrom auf seinem gesamten Laufe und mit allen Inseln und Gebieten auf dem linken Ufer an Frankreich zu bringen. Die Inhaber der letzteren sollten durch die zu säkularisierenden geistlichen Lande auf der rechten Seite des Stromes Ersatz finden. Noch demütigender war die Bestimmung, daß der König in allen Kriegen Frankreichs die strengste Neutralität behaupten wolle u. s. f.

Trotz des Aufsehens, welches dieser Vertrag selbst in einer durch politische Angelegenheiten übersättigten Zeit hervorrief, folgte der Markgraf von Baden-Durlach, welcher seit 1771 die gesamten badischen Gebietsteile unter seiner Herrschaft vereinigte, dem durch seinen mächtigeren Nachbar gegebenen Beispiele. Von ehemals elsässischen Gebietsteilen kamen dabei allerdings nur die Festung Kehl und ein kleiner rechtsrheinischer Teil des Rayons von Hüningen, sowie das unweit Hagenau gelegene, den Söhnen des Markgrafen als mütterliches Erbe zugefallene Amt Kutzenhausen in betracht, welche sämtlich an Frankreich abgetreten wurden. Die Hauptbestimmungen bezogen sich auf badische Herrschaften in Luxemburg und auf den Anteil an der Grafschaft Sponheim, für welche schon im voraus reiche Entschädigungen zugesagt wurden. Übrigens verfolgte der Vertrag, welchen Preußen mit Frankreich i. J. 1796 wegen der Festsetzung der neuen Demarkationslinie schloß (s. Terr.-Gesch. S. 188), die gleichen Zwecke.

schädigenden Folgen machten weitere Verträge mit den noch auf der linken Rheinseite ansässigen deutschen Fürsten unmöglich; Verhandlungen, die bereits angeknüpft waren, mufsten rasch wieder abgebrochen werden. Die revolutionären Führer gewöhnten sich daran, die von der Republik noch nicht förmlich eingezogenen deutschen Reichsgüter in derselben Weise zu behandeln, wie sie es in bezug auf die Besitzungen der Emigranten verfügt hatten. Alle Klagen über schnöde Rechtsverletzung, welche von jenseit des Rheines nach Paris herüber schallten, verklangen ungehört; im günstigsten Falle wurden die Kläger auf die Zukunft verwiesen und ihnen bedeutet, dafs sie die allerdings augenfällige Verschonung des Elsasses von den Lasten und Opfern des Krieges noch als einen besondern Vorzug anzusehen hätten. Dabei liefsen es die französischen Machthaber nicht an Äufserungen des Mifstrauens fehlen, als würden die hier und da hervorgetretenen, auf Begründung einer selbständigeren Stellung für Elsafs-Lothringen hingerichteten Bestrebungen von seiten der deutschen Fürsten unterstützt[1]). Das dem Rheinübergang Moreaus 1796 folgende Kriegsglück des Erzherzogs Karl, der noch im Herbste desselben Jahres die Franzosen aus dem Schwarzwalde vertrieb und über den Strom zurückwarf, auch die festen Plätze Kehl und Hüningen erstürmte, war von zu kurzer Dauer, als dafs es die Hoffnungen der aus ihrem Besitze verdrängten deutschen Reichsfürsten neu zu beleben vermocht hätte; die unglücklichen Kämpfe Österreichs gegen Bonaparte in Italien wiesen dem tapfern Erzherzog ein anderes Feld seiner Thätigkeit an, so dafs Moreau schon im Frühjahr 1797 wieder auf dem rechten Rheinufer eine feste Stellung gewinnen konnte, die er erst nach dem Abschlufs der Friedenspräliminarien von Leoben aufgab. Der am 17. Oktober 1797 folgende Friedensvertrag von Campo-Formio rückte den Abschlufs des Entschädigungswerkes in gröfsere Nähe, da in einem vorläufig geheim gehaltenen Artikel desselben sich nun auch der Kaiser verpflichtete, die Abtretung der linksrheinischen Gebiete an die französische Republik herbeizuführen, und seinerseits durch die Verzichtleistung auf die bisher österreichischen Niederlande mit dieser letztern den Anfang machte. Der vom Dezember 1797 bis April 1799 in Rastatt abgehaltene Kongrefs, welcher den Frieden zwischen der französischen Republik und dem deutschen Reiche vermitteln sollte, erreichte bekanntlich seinen Zweck nicht; doch stellte er als Prinzip fest, dafs die Stände des Reiches mit Einschlufs der unmittelbaren Reichsritterschaft im Genusse ihrer Erb- und Privatgüter, überhaupt aller Besitzungen verbleiben müfsten, und dafs Frankreich ihnen für alle „Gerechtigkeiten" Ersatz gewähre, falls die französischen Verfassungsgesetze es nicht gestatten sollten, sie in diesem

---

[1]) Nicht unberechtigt mag dieser Vorwurf in bezug auf manche Glieder des sog. rheinischen Bundes gewesen sein, welcher schon bald nach Beginn der Revolution zwischen den Leitern der die Freiheiten und Rechte beider Landschaften verteidigenden bewaffneten Macht in Elsafs-Lothringen geschlossen wurde und zu einer Art von Verbrüderung der Hauptorte Metz, Nancy und Strafsburg führte.

Genusse zu belassen. Schliefslich, nach dem zweiten Revolutionskriege gegen Frankreich, nach den Tagen von Marengo und Hohenlinden, hatten die deutschen Fürsten von der Gnade des stolzen Siegers zu erwarten, was sie jahrelang als ein unveräufserliches Recht glaubten in Anspruch nehmen zu dürfen.

Infolge des Friedens von Lüneville verzichteten darum endgültig zum Zwecke der Einverleibung dieser ihrer bisherigen elsässischen Besitzungen in das unmittelbare Gebiet der französischen Republik:

Pfalzbayern auf die damals zum Herzogtum Zweibrücken gerechnete Grafschaft Lützelstein im Wasgau und die weiter aufwärts bis zum Rheine sich hinziehende vordem birkenfeld'sche Grafschaft Rappoltstein;

Hessen-Darmstadt auf die vielgegliederte Grafschaft Hanau-Lichtenberg, soweit sie links vom Rheine lag, mit allen ihr zugehörigen Herrschaften [1]);

das fürstliche Haus Leiningen auf die Grafschaft Dachsburg [2]);

das fürstliche Haus Salm auf die im Wasgaugebirge gelegene Grafschaft Obersalm [3]);

das fürstliche Gesamthaus Nassau auf die Grafschaft Saarwerden [4]).

Endlich wurde auch das Geschick der im Sundgau eingeschlossenen ehemaligen freien Reichsstadt Mülhausen besiegelt. Der Bund, welchen dieselbe schon am Ende des 15. Jahrhunderts mit den benachbarten Schweizerkantonen Bern, Solothurn und Basel geschlossen, um sich wider die Übergriffe des Adels im Sundgau zu schützen, bewahrte sie vor dem Schicksal ihrer Schwesterstädte im Elsafs; wegen der Vorliebe ihrer Bürgerschaft für die republikanische Verfassung blieben ihre Freiheiten auch selbst noch unter dem Konvent und in den ersten Jahren des Direktoriums unberührt. Erst die Absperrung ihres Gebietes durch neue Zollgrenzen bewirkten den vollen Anschlufs der Stadt an Frankreich, welcher anfangs 1798 nach stürmischen Beratungen vom Rate und den Innungen mit grofser Majorität beschlossen wurde; am 15. März vollzog ein aus Paris gesandter Kommissar die Besitzergreifung im Namen der Republik Frankreich.

---

[1]) Dieses bedeutende Gebiet wurde zu 25 Qm. mit 70 000 Einw. geschätzt; als reiche Entschädigung erhielt Darmstadt durch den Reichsdeputationsrezefs vom 25. Febr. 1803 nicht nur Ämter von der Pfalz, von Mainz und Worms, sondern auch das ganze Herzogtum Westfalen oder kölnische Süderland (mit Arnsberg, Meschede, Brilon, Olpe). — Andere Fürsten (von Hohenlohe) wurden auch noch für ihren Allodialbesitz in der Grafschaft entschädigt.

[2]) Vergl. S. 38. Die aufserdem noch stattgehabte Abtretung der in der Pfalz eingeschlossenen eigentlichen Grafschaft Leiningen nebst Zubehör verschaffte auch diesem Hause ansehnliche Entschädigungen (die mainzischen Ämter Miltenberg, Amorbach, Bischofsheim, Königshofen, Krautheim nebst allem mainzischen Besitz zwischen Main, Tauber und Neckar; zudem zwei pfälzische Ämter und zwei Abteien).

[3]) Vergl. Terr.-Gesch. S. 244. [4]) Desgl. S. 339.

§ 25. — So war der seit Beginn der Revolution gewonnene faktische Besitz des Elsasses in seiner ganzen Ausdehnung durch den Frieden zu Lüneville zugleich auch zu einem rechtlichen geworden. Das Kaiserreich wuſste die für militärischen Ruhm nicht unempfindliche Bevölkerung noch fester an sich zu ketten; Napoleon selbst schenkte ihr sein Wohlwollen und verweilte öfters und gern in der Heimat seiner Waffengefährten Rapp, Lefèbvre u. a. Unter den mancherlei Zeichen seiner Huld stand obenan, daſs sich das Land bis zum Auszuge der groſsen Armee im Jahre 1812 des Friedens und einer deutlich hervortretenden Mehrung seines Wohlstandes erfreute. Als Ende 1813 die verbündeten Heere einrückten, fanden sie in allen elsässischen Städten eine starke bonapartistische Partei vor, welche die Regungen des Deutschtums niederzuhalten wuſste; die ihr zugehörigen Nationalgarden warfen sich in die Festungen und verteidigten sie mit anerkannter Tapferkeit. Beim Abschlusse des ersten Pariser Friedens dachte, mit Ausnahme mehrerer Heerführer der Verbündeten, die das Blut ihrer Krieger nicht umsonst verspritzt sehen wollten, und einiger deutscher Sänger, die ihrer Sehnsucht nach dem Straſsburger Münsterturme als dem Wahrzeichen deutscher Einheit rührenden Ausdruck gaben, niemand daran, daſs das Elsaſs dereinst deutsch gewesen sei, am wenigsten England und Ruſsland, deren bevollmächtigte Minister laut erklärten, daſs man nicht gegen Frankreich, sondern nur gegen Napoleon Krieg geführt habe, und daſs man verpflichtet sei, „der in das bezwungene Land wieder zurückgeführten Dynastie zum mindesten das Reich Ludwigs XVI. wohl arrondiert durch die vor der Revolution noch deutsch verbliebenen Gebiete, zuzuweisen". Sie setzten die Herstellung der französischen Monarchie innerhalb der Grenzen vom 1. Januar 1792 durch, so daſs auch selbst die abseits liegende Festung Landau der bourbonischen Regierung verblieb. Nirgends in Frankreich begegnete die letztere einer so starken Abneigung, wie im Elsaſs, nirgends hielt die Bevölkerung die Traditionen des Kaiserreichs mit solcher Zähigkeit fest, wie hier. Als darum in den ersten Tagen des März 1815 die Rückkehr Napoleons von Elba bekannt wurde, verbreitete sich Jubel im Lande von Belfort bis Landau. Aber der Tag von Waterloo vernichtete die Hoffnungen der Elsässer. Wohl suchte sich General Rapp noch in der Nähe von Straſsburg zu halten; aber seine Schar wurde verjagt, Hüningen nach tapfrer Gegenwehr erobert; mit der von Ludwig XVIII. verfügten Auflösung der eidbrüchigen französischen Armee hörte auch im Elsaſs aller Widerstand auf. Die nunmehrigen Friedensverhandlungen fuſsten auf der offenkundigen Thatsache, daſs sich im letzten Feldzuge das französische Volk mit dem „Usurpator" solidarisch verbunden und mit in dessen Sturz verwickelt habe. Kräftiger erklangen darum die Stimmen der deutschen Dichter, der begeisterten Patrioten unter den Staatsmännern und Heerführern, die Stimmen eines Ernst Moritz Arndt und Max v. Schenkendorf, eines Blücher und Gneisenau, eines Fürsten Hardenberg und Wilhelm v. Humboldt, der Kronprinzen von Bayern und von Württemberg, um die durch welsche List dereinst dem Mutterlande entfremdeten Grenzprovinzen wieder zurück zu fordern. Die von hervorragenden Strategen vertretene Auffassung, dafs zum Schutze Deutschlands gegen französischen Übermut und zur Vermeidung weiterer mutwilliger Störungen des Friedens Europas die deutsch-französische Grenze vom Rheine nach dem Wasgau vorgeschoben werden müsse, fand selbst bei den englischen Unterhändlern Zustimmung; auch bei ihnen stand es fest, dafs die Rheingrenze einen fortgesetzten Anreiz für Frankreich bieten werde, „die erfahrene Demütigung nicht zu verzeihen". Obwohl darum der preufsische Staatskanzler Fürst Hardenberg schon sehr bald die Überzeugung gewann, dafs er zur Durchführung seiner Pläne auf Österreichs nachdrückliche Mitwirkung nicht zu rechnen, vielmehr auch in dieser Frage dessen durch Preufsens Erfolge im Kriege wachgerufene Eifersucht zu fürchten haben werde, forderte er dennoch am 4. August 1815 das ganze Elsafs und Deutsch-Lothringen samt Mömpelgard, Metz und Diedenhofen für Deutschland. Sofort machten sich bei Rufsland und sodann bei England und Österreich die Rücksichten auf die Stellung Ludwigs XVIII. geltend, so dafs sich schliefslich der Staatskanzler gezwungen sah, auch selbst seine ermäfsigten Forderungen (aufser Landau noch Hagenau, Weifsenburg, Bitsch) weiter zu beschränken und sich für Preufsen mit dem nordöstlichen Zipfel Deutsch-Lothringens (Saarlouis) zu begnügen[1]).

Der gewaltige Fehler, den die europäische Diplomatie durch diese Festsetzungen begangen, blieb nicht unbemerkt; Arndts begeistertes Wort: „Der Rhein, Deutschlands Strom, nicht aber Deutschlands Grenze" zündete in allen patriotischen Herzen. Aber das Geschehene war nicht mehr zu ändern; es bedurfte eines abermaligen grofsen Krieges und der Wiederaufrichtung des neuen deutschen Reiches unter einem herrlichen und siegreichen Kaiser, der wahrhaft deutschen Politik eines eisernen Kanzlers und der Entschlossenheit des gröfsten Strategen unsrer Zeit, um Deutschland endlich zuzuwenden, was ihm schon 1815 gebührt hätte, was ihm aber damals durch die Ränke seiner geheimen Gegner vorenthalten worden war.

§ 26. — Die gesonderte Geschichte **Lothringens** beginnt mit der Thronentsagung des karolingischen Kaisers Lothar I. (855) und der Teilung des durch den Vertrag von Verdun demselben zugefallenen langgestreckten Gebietes unter seine drei Söhne Lothar II., Karl und Ludwig II. Karl (von Provence) starb schon 863; sechs Jahre später folgte ihm auch Lothar II., ohne Erben zu hinterlassen. Des Landes, welches dieser beherrscht hatte, suchte sich Karl der Kahle von Frankreich zu bemächtigen; Ludwig der Deutsche zwang ihn jedoch zum Vertrage von Mersen (870), durch welchen Ost-Lotharingen zwischen Maas und Rhein mit Utrecht, Aachen, Köln, Trier,

---

[1]) Bayern erhielt den Streifen zwischen den Linien an der Lauter und der bei Landau vorbeifliefsenden, oberhalb Germersheim in den Rhein mündenden Queich. Die niederländische Südgrenze wurde in ihrer Mitte durch die Abtretung der Festung Marienburg von Frankreich berichtigt.

Metz, Strafsburg zum deutschen Reiche kam, so dafs dasselbe auch nach Westen hin in seine natürlichen Grenzen eingeschlossen wurde. Als mit dem Tode Ludwigs II. 775 das Geschlecht K. Lothars I. sein Ende erreichte und ein Jahr später auch Ludwig der Deutsche starb, suchte Karl der Kahle seine Absichten auf den an Deutschland gefallenen Teil Lotharingens neuerdings zu verwirklichen; Ludwig der Jüngere, Ludwigs des Deutschen zweiter Sohn, schlug ihn jedoch bei Andernach aufs Haupt (8. Oktbr. 876) und zwang ihn, seinen Plänen für immer zu entsagen.

König Arnulf übergab 995 Lothringen als ein Herzogtum und grofses Lehen des Reiches seinem natürlichen Sohne Zwentibold, welcher sich jedoch nur bis 906 behaupten konnte. An seine Stelle trat Raginer als Vasall des deutschen Königs, dem es jedoch nicht gelang, die Übergriffe Frankreichs abzuwehren. Um den deutschen Einflufs zu stärken, vermählte K. Heinrich I. seine Tochter Gerberge mit Giselbert, dem Sohne Raginers; indessen begann mit dieser Verbindung die Reihe heftiger Streitigkeiten innerhalb des sächsischen Kaiserhauses, die sich auch noch durch die Regierung Ottos I. hinzogen und sie verbitterten. 954 gab Otto I. das ganze deutsche Lothringen seinem Bruder Bruno, Erzbischof von Köln, zu Lehen, welcher sich in bezug auf dieses Land den Titel eines Erzherzogs beilegte, da dasselbe von jetzt ab in die beiden Teile Nieder- und Oberlothringen getrennt wurde, von denen jeder seinen besondern Herzog erhielt. Gottfried I. beherrschte als Herzog von Niederlothringen die vom Unterlauf der Maas und von der Schelde durchflossenen Uferländer des Rheines (Ripuarien) bis zur Mosel aufwärts, soweit sie nicht bereits als Reichslehen vergeben waren; Herzog Friedrich I. begründete dagegen zu beiden Seiten der obern Maas und Mosel Oberlothringen als selbständiges Herzogtum. Nur das letztere kommt hier in betracht, während Niederlothringen im Laufe einer äufserst wechselvollen, fünfhundertjährigen Geschichte sich in eine grofse Zahl reichsunmittelbarer Gebiete zersplitterte, aus denen u. a. die siebenzehn Provinzen der Niederlande hervorgegangen sind. Um die Mitte des 13. Jahrhunderts verschwindet der Name Niederlothringen mehr und mehr aus der Geschichte; an seine Stelle tritt der des mächtigsten jener Teilherzogtümer, Brabants, dessen Besitzer aber um diese Zeit zugleich auch Ansprüche auf die Landgrafschaft Thüringen erhoben und in Hessen durch „das Kind von Brabant" eine neue Regentenlinie begründeten [1]). Dem mächtigen Geschlechte gelingt es nach und nach, manche der getrennten Gebiete wieder zu vereinigen; bei seinem Erlöschen, 1430, fällt der reiche Besitz dem Herzog Philipp dem Guten von Burgund zu, dessen Ahnherr Philipp der Kühne bereits 1369 die blühende Grafschaft Flandern erheiratet hatte. Durch die Vermählung der reichen Erbtochter Maria mit dem Erzherzog Maximilian (1477) kam alles an das Haus Österreich.

---
[1]) Vergl. Terr.-Gesch. S. 320.

§ 27. — **Oberlothringen,** auch Lothringen „an der Mosel" genannt, hatte unter den ersten Nachfolgern Friedrichs I. mit den Herzögen Niederlothringens noch um seine Selbständigkeit zu ringen. Nach dem unbeerbten Tode Friedrichs II. (1027) wufste sich Herzog Gozelo I. von Niederlothringen wieder ganz in den Besitz von Oberlothringen zu setzen. Als derselbe 1043 starb, belehnte K. Heinrich III. seinen ältesten Sohn Gottfried II. mit Nieder- und den jüngern Gozelo II. mit Oberlothringen. Dem letztern folgte schon nach drei Jahren Graf Albrecht vom Elsafs durch kaiserliche Gunst in der herzoglichen Würde, jedoch unter dem Widerspruch Gottfrieds von Niederlothringen, dem Albrecht im Kampfe erlag (1048). An dessen Stelle trat sein Bruder Gerhard vom Elsafs. Der Streit mit Gottfried von Niederlothringen wurde 1056 durch Vermittlung des Papstes beigelegt, so dafs von da ab Gerhard, welcher zum Stammvater der gesamten Herzogsfamilie von Oberlothringen geworden ist, bis zu seinem Tode (1070) in Frieden das Land zu regieren vermochte. Sein Sohn Dietrich der Beherzte († 1115), ein treuer Anhänger K. Heinrichs IV. im Kampfe gegen den Papst, wurde von letzterm mit dem Banne belegt und mufste zu gunsten der benachbarten Bischöfe auf zahlreiche Güter verzichten. Simon I. und Matthias I., des vorigen Sohn und Enkel, suchten sich weiterhin der Übergriffe geistlicher Fürsten zu erwehren, namentlich des Bischofs von Metz und des Erzbischofs von Trier; die dem letztgenannten Herzog 1155 gelungene Erwerbung von Nanzig gewährte nur einen geringen Ersatz für zahlreiche Verluste an Land und Leuten. Simon II. (1176—1205) wurde in heftige Kämpfe mit seinem Bruder, dem Grafen Friedrich von Bitsch, und dem Domstift von Toul verwickelt; nach seinem unbeerbten Tode übernahm 1206 sein Neffe Friedrich II. die Regierung im Herzogtum. Aber auch dieser starb schon 1213 nach heftigen Streitigkeiten mit den Grafen von Bar. Theobald I. († 1220) und Matthias († 1251) beteiligten sich an den Kämpfen wider K. Friedrich II., während Herzog Friedrich III. († 1304) den Streit mit dem Bischof von Metz erneuerte. Auch Theobald II. († 1312) setzte denselben noch fort; zugleich gab er dadurch, dafs er die weibliche Linie für erbfähig erklärte, zu erheblichen Zwistigkeiten Anlafs. Ungehorsamen Vasallen gegenüber wufste er seine Hoheitsrechte geltend zu machen, in gleicher Weise sein Sohn Friedrich IV., welcher auf der Seite des ihm nahe verwandten Herzogs Friedrich von Österreich bei Mühlberg stritt und in Gefangenschaft geriet. Er fiel 1328 bei Kassel. Sein Sohn Rudolf regierte anfangs unter der Vormundschaft seiner Mutter Isabella von Österreich; später kämpfte er nicht nur mit Glück gegen den Grafen von Bar (1337), sondern beteiligte sich auch unter der Führung Philipps IV. von Frankreich an den Kriegen gegen England. Er fiel bei Crecy 1346; gleichwohl stellte sich auch sein Sohn Johann I. dem Könige von Frankreich zur Verfügung, der sich aber zugleich 1365 an dem Kreuzzuge der deutschen Ritter gegen die heidnischen Pruzzen im fernen Weichsellande beteiligte.

—27.

1431 starb Herzog **Karl I.** von Lothringen, nachdem derselbe ruhmvoll gegen die Mauren in Tunis und als Bundesgenosse des deutschen Ordens gegen die Lithauer gestritten, 1407 den Bund der ihm feindlichen Nachbarfürsten bei Nancy aufs Haupt geschlagen, auch dem Könige von Frankreich gegenüber seine Würde so nachdrücklich gewahrt hatte, dafs er zum Konnetable des Reichs berufen wurde. Er hinterliefs nur eine Tochter **Isabella**, welche er dem **Renatus** *(René)* **von Anjou**, einem Sohne des Königs Ludwig II. von Neapel vermählt hatte[1]). Letzterer nahm Lothringen sofort in Besitz; **Anton von Vaudemont**, ein Neffe des Verstorbenen, bestritt der weiblichen Linie jedoch das Recht zur Nachfolge und überzog den Herzog René mit blutiger Fehde, in welcher dieser in seine Gefangenschaft geriet. Durch Vermittlung des Baseler Konzils wieder befreit und von K. Sigismund mit Lothringen belehnt, verglich sich René, nachdem er das ihm 1435 zugefallene Königreich Neapel in Besitz genommen, mit seinem Gegner durch die Heirat seiner Tochter **Jolantha** mit **Friedrich von Vaudemont**, Antons Sohn. Der dieser Ehe entsprossene **René II.** brachte das Haus Vaudemont 1473 beim Tode seines kinderlosen Vetters Nikolaus zur Herrschaft in Lothringen, die er jedoch sofort gegen **Karl den Kühnen** von Burgund zu verteidigen hatte. Im Bunde mit den schweizerischen Eidgenossen gelang es ihm, das verlorene Nanzig wieder zu gewinnen; in der blutigen Schlacht vom 5. Jan. 1477 verlor sein mächtiger Gegner Thron und Leben. 1508 hinterliefs René II. die Herzogtümer Lothringen und Bar seinem Sohne **Anton** dem Guten, während sich das in der spätern französischen Geschichte vielgenannte Geschlecht von *Guise* von seinem Hause abzweigte. Anton schlofs sich enge an König Franz I. von Frankreich an, den er auf zahlreichen Kriegszügen begleitete. Mochte er auch in den Kämpfen dieses Königs gegen K.

---

[1]) Infolge dieser Heirat wurde mit Lothringen für immer das **Herzogtum Bar** verbunden. Bar *(le Barrois)*, westlich von Toul und Verdun gelegen, mit dem Hauptorte **Bar le duc**, war ursprünglich ein Bezirk Oberlothringens, welcher jedoch seit der Mitte des 10. Jahrhunderts **Friedrich von den Ardennen** als eine Grafschaft beherrschte. 1033 fiel das Gebiet durch eine Erbtochter Sophie dem Grafen Ludwig von **Mömpelgard** zu, dessen Nachfolger eifrig an den Kreuzzügen gegen Sarazenen und Albigenser teilnahmen. **Heinrich III.** stand seinem Schwiegervater Eduard I. von England in seinen Kriegen gegen Frankreich bei, geriet darüber aber in die Gefangenschaft des französischen Königs, aus welcher er sich nur dadurch zu lösen vermochte, dafs er alle seine westlich von der Maas gelegenen Lande von Frankreich zu Lehen nahm (als *Barrois mouvant;* so genannt im Gegensatz zu dem Frankreichs Hoheit nicht unterworfenen *Barrois non mouvant* östlich von der Maas). **Eduard II.** nannte sich seit 1355 zuerst **Herzog** von Bar; Eduard III. starb 1415 ohne Erben. Diesem folgte sein Bruder **Ludwig**, bisher Bischof von Verdun und Kardinal, welcher 1419 bestimmte, dafs sein Neffe **Robert** in den Besitz der zahlreichen, vordem ererbten flandrischen Güter seines Hauses treten, dafs jedoch das Herzogtum Bar selbst seinem Grofsneffen **René von Anjou**, Grafen von Guise zufallen sollte. Dieser war es, welcher, wie oben erwähnt, durch seine Vermählung mit der Tochter Karls I. von Lothringen die **dauernde Vereinigung beider Herzogtümer** herbeiführte.

Das Haus Lothringen seit dem Ende des vierzehnten Jahrhunderts.

```
Herzog Johann I., † 1389.
         |
Karl I., † 1431.   Friedrich, † 1415. Gem. Margarete,
                   Erbin von Vaudemont und Joinville.
   |
Gem.: Renatus I. von Anjou,   Graf Anton von
Sohn K. Ludwigs II. von Neapel, Vaudemont, † 1447.
   † 1480.
   |
Isabella.
   |
Johann II., † 1470. Jolantha. Friedrich von Vaudemont,
                              † 1470.
Nikolaus, † 1473.   Herz. Renatus (René) II., 1473 Herz. v. Lothr.,
                                                † 1508.
                         |
          Herz. Anton v. Lothringen,   Claudius, † 1550.
               † 1544.                 Stammvater d. Herzöge v. Guise,
                                       Aumale, auch Elbeuf, Harcourt etc.
          Franz I., † 1545.
               |
          Karl II., † 1608.
               |
Herz. Heinrich v. Lothr.,  Karl, Bischof  Franz, Graf v. Vaudemont.
     † 1608.               v. Metz u. Straßb.  Herz. Karl III.
                           v. Lothr., † 1675.
Nikolas. Claudia.          Gem. Nikolas v. Lothr.
                                 |
                           Herzog Karl IV. v. Lothringen, † 1690.   Nikolaus Franz, † 1670.
                           Gem. Eleonore, Tocht. Kaiser Ferdinands III.  Gem. Claudia von Lothringen.
                                   |
                           Leopold Joseph, † 1729.
                                   |
                           Franz Stephan, Herz. v. Lothringen, dann von Toskana,
                           1745 deutscher Kaiser. Gem. Maria Theresia v. Österreich.
                                                   † 1765.
                           Das Haus Habsburg-Lothringen.
```

Karl V. noch seine Neutralität behaupten, so wurde doch von nun an Lothringens Zusammenhang mit dem deutschen Reich mehr und mehr gelöst. Nur von geringer Bedeutung war es, dafs Herzog Anton noch im Jahre 1542 das Lehnsverhältnis zum deutschen Reiche, dessen Schutz ihm neuerdings zugesagt worden war, ausdrücklich anerkannte; Frankreichs Einflufs wurde im Laufe der während der Regierungszeit Karls II. beginnenden Religionskriege übermächtig. Ihm war es zuzuschreiben, dafs die Herzöge von Lothringen mit immer stärkerm Nachdruck erklärten, wie sie nach des Reiches Mandaten nicht zu fragen hätten und es ihnen frei stehe, auch ohne kaiserliche Genehmigung Krieg zu führen und Bündnisse mit auswärtigen Mächten zu schliefsen. Das Kammergericht erkannten sie nicht mehr als ihre oberste Rechtsbehörde an; die Abgaben an das Reich zahlten sie entweder gar nicht, oder nur gezwungen; auf die Teilnahme an den Reichsversammlungen verzichteten sie unter der Ausrede, dafs ihnen nicht die ihrer Würde gebührende Stellung unter den weltlichen Fürsten des oberrheinischen Kreises zugewiesen sei. Nach solcher planmäfsig durchgeführten Vorbereitung war es für Heinrich II. von Frankreich ein Leichtes, seine Hand auf die Bistümer und freien Städte des Reiches **Metz, Tull** und **Virten** (*Toul* und *Verdun*) zu legen, damit in das Herz des deutschen Grenzlandes hinein zu greifen und „des Reiches westliches Horn" zu erfassen.

§ 28. — **Metz,** die alte Hauptstadt der Mediomatriker, darum von den Römern *Mediomatrici*, später mit dem abgekürzten Namen *Mettis* benannt[1]), schon zur Zeit der Völkerwanderung ein bedeutender Bischofssitz, war während der Frankenherrschaft die Residenz der austrasischen Könige. Karl der Grofse bevorzugte die Stadt; er setzte in derselben einen Grafen ein, der die kaiserlichen Rechte in Metz und Umgegend zu wahren und die Reichsgüter zu verwalten hatte. Als erster erblicher Inhaber dieser Würde erscheint am Ende des 10. Jahrhunderts Graf Hermann; die letzte Erbtochter des von ihm begründeten Geschlechtes war Katharina, die Gemahlin des Herzogs Theobald I. von Lothringen, welcher, wie oben erwähnt, 1220 kinderlos starb.

Toul, das *Tullum* der Römer, war ebenfalls eine ansehnliche austrasische Stadt und schon seit dem Anfange des 5. Jahrhunderts Sitz eines Bischofs. Auch in ihr waltete ein Graf im Namen des Reiches, der sich gleichzeitig mit den Grafen von Metz selbständig zu machen wufste. Der letzte im Mannsstamm des Geschlechtes war Friedrich I. († 1136), durch dessen Erbtochter Beatrix, Gemahlin des Herzogs Matthias von Lothringen, noch frühzeitiger die politischen Beziehungen der Stadt und Grafschaft Toul zu dem mächtigen Hause des letztern angebahnt wurde. Seit 1152 traten die Herzöge von Lothringen jahrhundertelang als Schirmherren der Stadt Toul auf.[2])

---

[1]) In poetischer Form auch *Meta Germaniae* — Deutschlands Grenze.
[2]) Für die Ausübung dieser Schutzgerechtigkeit hatte die Stadt an den Herzog alljährlich 1000 barische Franken zu zahlen.

Auch in **Verdun** *(Virodunum)* entwickelten sich die Verhältnisse in ähnlicher Weise; doch behaupteten sich hier die Herzöge von Lothringen der bischöflichen und gräflichen Gewalt gegenüber schon seit dem Ende des 10. Jahrhunderts als die eigentlichen Herren des Landes. Einer von K. Otto dem Grofsen bestätigten Schenkung reichsunmittelbarer Güter an den Bischof widersprachen sie aufs entschiedenste; in die dadurch entstandenen Streitigkeiten mischte sich auch Herzog Gottfried von Bouillon, der von seiner Mutter her, einer Gräfin „von den Ardennen", Ansprüche erhob. Die von ihm gewonnenen Güter schenkte dieser seinem Bruder Balduin, welcher dieselben, um die Mittel zum Kreuzzug zu erlangen, dem Bischof verkaufte, der sich von 1130 ab dauernd behauptete und 1156 durch K. Friedrich I. auch mit der Stadt Verdun belehnt wurde[1]).

Weil nun aber Verdun ebenso, wie Metz und Toul, schon vor langer Zeit mit Reichsfreiheit begnadigt worden war, so lagen die Ratsherren und Schöppenmeister der Städte von jetzt an mit den Vertretern der bischöflichen Gewalt in endloser Fehde. Vermehrt wurde der Unfriede noch durch die unklare Stellung, welche die Herzöge von Lothringen zu den städtischen und bischöflichen Gebieten und Gerechtsamen einnahmen. Sie beanspruchten mehr und mehr volle Landeshoheit, wurden indessen mit ihren Forderungen eben so beharrlich abgewiesen; immer neue blutige Kämpfe waren die Folge von diesem Widerstreit der Meinungen, die dann endlich den im Westen lauernden Nachbarn die Pfade in die deutschen Grenzlande ebneten.

§ 29. — Schon die Armagnacs[2]) durften es wagen, die Städte Metz, Toul und Verdun (letztere damals noch Tull und Virten genannt) zur Übergabe an die Krone Frankreich aufzufordern. Die starken Befestigungen aber machten ihre Bemühungen vergeblich. Auch die nachfolgenden Könige von Frankreich trachteten darnach, sich der Stadt Metz durch Betrug oder Gewalt zu bemächtigen. Als Metz im Jahre 1444 vom Herzog von Lothringen, René von Anjou, überfallen wurde, verbündete sich der französische König Karl VII. mit demselben und liefs seine Soldaten mordend, sengend und plündernd

---

[1]) „Tull hiefs nachmals im Lothringer-Lande die heilige, weil es Bischöfe gehabt, die sich durch ihre Heiligkeit hervorgethan, Verdun die edle, weil dieser Bischofsitz seit undenklicher Zeit fast beständig von Prinzen oder doch von sonderlich angesehenen Prälaten besessen worden, und Metz die reiche, weil es grofse Einkünfte bezog. Überhaupt war Metz schon der Gröfse nach die bedeutendste Stadt und als Grenzfestung von doppelter Wichtigkeit. Die deutschen Kaiser lebten immer viel in Metz, besonders Karl IV., der hier im Jahre 1356 den Reichstag hielt, auf welchem die berühmte goldene Bulle zu Ende gebracht und öffentlich bekannt gemacht wurde. Dies geschah im schönsten Gepränge der alten Kaiserpracht und Majestät. Die Bürgerschaft zeigte immer gute, deutsche Gesinnung und viele Anhänglichkeit an Gebräuche und Sprache des Vaterlandes." Scherer a. a. O.

²) Vergl. S. 34.

in das Metzer Land einfallen[1]). Planmäfsiger verfuhr die französische Eroberungssucht seit Franz I., dem Gegner Karls V., der es verstand, die deutsche Reformation als das Mittel zur Lockerung des Verhältnisses der deutschen Fürsten zur kaiserlichen Gewalt zu benutzen. Aus Hafs wider Karl „mifsbrauchte er den neuen Glauben zu schändlichem Verrat." Aber erst seinem Sohne und Nachfolger Heinrich II., (1547—59) war es beschieden, „die reife Frucht zu pflücken"[2]).
Nachdem derselbe 1551 den Krieg gegen Karl V. wieder begonnen hatte, gab sich der unversöhnliche Feind des Protestantismus in den eignen Landen den Anschein, als sei er der eifrigste Freund der evangelischen Fürsten Deutschlands. Den Bischof von Bayonne sandte er in das Lager vor Magdeburg, und es gelang dem schlauen Unterhändler, mit dem Kurfürsten Moritz von Sachsen und dessen Bundesgenossen jenen berüchtigten Vertrag zu schliefsen, in dem es von deutscher Seite „für gut gehalten wurde, dafs der König von Frankreich sich, sobald er kann, mehrerer Städte bemächtige, welche von alters her zum deutschen Reich gehörten, namentlich der Stadt Kammerich *(Cambray)*, und der lothringischen Orte Metz, Tull, Virten, und dafs er dieselben als Vikarius des heiligen römischen Reiches behalte, — freilich unter Vorbehalt aller Rechte, welche das Reich auf diese Städte habe. Auch werden wir bei künftiger Erwählung eines Kaisers und Reichsoberhauptes uns so führen, wie es Sr. Majestät von Frankreich gefallen wird" u. s. f. Der Kaiser achtete, wie bekannt, nicht auf die ihm zukommenden Warnungen, da er auf des Kurfürsten Moritz Treue allzufest baute; der letztere jedoch liefs sich weder durch die Vorhaltungen der Stände seines Landes, noch durch Melanchthons flehentliche Bitten von dem verhängnisvollen Wege abbringen, den er betreten. König Heinrich aber schickte sich alsbald an, den Raub zu vollziehen, zu dem er sich nunmehr berechtigt glaubte. In dem Manifeste, das er den deutschen Bewohnern der Bistümer in lateinischer Sprache übersandte, nannte er sich neben seinen sonstigen Titeln auch noch „*vindex libertatis germanicae et principum captivorum*", führte aus, dafs das Haus Österreich nur die Absicht hege, „mit ewigem Verlust der deutschen Nationalfreiheit und

---

[1]) *Escorcheurs* („Schinder") wurde das Raubgesindel von den Metzern genannt. Tapfer und todesmutig verteidigten sich die Einwohner, schliefslich aber mufsten sie der Übermacht der Feinde Rechnung tragen und eine Deputation nach Nanzig absenden. König Karl forderte unumwunden die Vereinigung der Stadt mit Frankreich. Der Wortführer *Nicole Louve* (Nikolaus Löwe) aber erklärte im Namen aller, „Metz sei von jeher bis zur Stunde eine freie Reichsstadt gewesen, und die Metzer würden lieber den gröfsten Gefahren trotzen, als einen Treubruch gegen das Reich begehen." Der König drang gar gewandt in die Abgeordneten, indem er ihnen die Schwäche des Reiches schilderte und die Vorteile vorhielt, welche der Stadt durch die Vereinigung mit Frankreich erwachsen würden. Diese aber erklärten einstimmig „den grossen Aar niemals verleugnen zu wollen." Unverrichteter Sache kehrten die Gesandten nach Hause zurück.

[2]) Scherer in Raumers historischem Taschenbuch von 1842.

vieler Leute Untergang" die absolute Monarchie aufzurichten und zu erbauen, während er selber, der König von Frankreich, nach dem Begehr vieler grofsen Fürsten und Stände des heiligen Reiches die deutsche Freiheit zu erretten entschlossen sei.[1]) Die in gemäfsigterem Tone und würdig gehaltene Antwort Karls V. auf solche Anschuldigungen machte gleichwohl nicht den erhofften Eindruck; Heinrich II. liefs unter dem Oberbefehl des Konnetable von Montmorency eine Armee von 25 000 Mann Fufsvolk und 10 000 Reitern in die Stifter einrücken, und hielt selbst am 13. April 1552 seinen Einzug in Tull, welches sich ihm, wie auch Virten, sofort unterworfen hatte. Weil nun aber Nanzig, die Hauptstadt Lothringens, nahe lag und dort nur eine Frau, die verwitwete Herzogin Christiane, eine geborene Prinzessin von Dänemark, als Vormünderin ihres Sohnes Karl II. das Regiment führte, so konnte „der Beschützer der deutschen Freiheit" nicht umhin, seine Eroberungsgelüste auch auf das Herzogtum auszudehnen und dasselbe in eine Abhängigkeit von Frankreich zu bringen, welche von nun an fast ununterbrochen auf der deutschen Bevölkerung Lothringens lastete. Namentlich setzte er den französisch gesinnten Oheim des jugendlichen Thronerben, Herzog Nikolaus von Mercoeur, zum Regenten des Landes ein, der es denn auch ruhig geschehen liefs, als Nanzig von 6000 Franzosen besetzt wurde.

Der Konnetable war mittlerweile mit seiner Hauptmacht vor Metz gezogen, die feste Stadt, welche bis dahin allen Angriffen Trotz geboten hatte. Auch jetzt rüstete sich die Bürgerschaft zu kräftigem Widerstande. Listiger Weise suchte darum der König durch den ihm ergebenen Bischof eine Partei des Rates der Stadt für sich zu gewinnen, was ihm denn auch nur allzuwohl gelang. Diese Partei brachte es endlich dahin, dafs dem Konnetable der Durchzug durch Metz mit einer geringen Heeresabteilung verstattet werden solle. Aber bei ihrem Einzug in die Feste wurde die letztere von den anscheinend zufällig oder aus Neugierde hinzugekommenen, in Wirklichkeit aber heimlich herbeigerufenen übrigen Scharen der französischen Armee in dem Mafse umdrängt, dafs

---

[1]) Die schamloseste Heuchelei des „allerchristlichsten Königs" setzt sich noch weiter fort in den Worten: „Weil er wegen solcher grofsen Wohlthat eine ewige Dankbarkeit, Verpflichtung und Gedächtnis zu erlangen hoffe, so wolle er hiermit männiglich kund thun und bei Gott dem Allmächtigen bezeugen, dafs er aus diesem mühseligen und schweren Vorhaben, grofsen Unkosten und Gefahr und Sorge für seine eigne Person keinen andern Nutzen oder Gewinn suche und erhoffe, als dafs er aus freiem königlichen Gemüte die Freiheit der deutschen Nation und des heiligen Reiches zu fördern, die Fürsten aus der erbärmlichen Dienstbarkeit, in welche sie versetzt worden, zu befreien, den Herzog Johann Friedrich von Sachsen und den Landgrafen Philipp von Hessen ihres langwierigen Gefängnisses zu entledigen und hierdurch einen unsterblichen Namen, wie vordem dem Flaminius in Griechenland zu teil geworden, zu erlangen gedenke. Niemand solle einiger Gewalt sich befürchten, da er diesen Krieg blofs deshalb unternommen habe, um einem jeden seine verlorenen Gerechtigkeiten, Ehren, Güter und Freiheiten wieder zu verschaffen."

eine Zurückweisung derselben nicht mehr möglich und alsbald die ganze Stadt von feindlichen Truppen erfüllt war. Ohne Schwertstreich, ohne einen Tropfen Blut und einen Schufs Pulver fiel so eine der stärksten Grenzfestungen Deutschlands in des schlauen Feindes Hand. Der König selbst erschien am 18. April 1552 in feierlichem Aufzuge in der Stadt. Nachdem er dem Hochamte in der Kathedrale beigewohnt, bezog er für drei Tage im bischöflichen Palast seine Wohnung. Eine französische Besatzung von 5000 Mann blieb von nun an in der Festung zurück; die Bürgerschaft wurde entwaffnet und gezwungen, der Krone Frankreichs den Huldigungseid zu leisten[1]).

Der Raub war gelungen, aber noch 96 Jahre vergingen, bis die Verhandlungen des westfälischen Friedens ihn sanktionierten.

§ 30. — Herzog Karl II., der Grofse, der in Paris erzogene junge Herzog von Lothringen, vereinigte 1571 die Grafschaft Bitsch[2]) wieder mit den unmittelbaren lothringischen Landen. 1594 verglich er sich mit Heinrich IV. von Frankreich wegen der Lehns- und sonstigen Rechtsansprüche, welche seine Vorfahren auf verschiedene, der Krone Frankreich zugefallenen Gebiete erworben hatten. Auf seinen Sohn Heinrich II. (1608—24) folgte sein Neffe Karl III., der während seiner langen Regierung schon in den letzten Perioden des dreifsigjährigen Krieges und sodann in den von Ludwig XIV. angezettelten Raubkriegen gegen die Nachbarstaaten Frankreichs, sein Land den streitenden Mächten zum Spielball überlassen mufste[3]); 1670 wurde er

---

[1]) Die deutsche Gesinnung blieb jedoch in der Bevölkerung von Metz die vorherrschende. Der oben erwähnte Bischof von Metz, Kardinal Robert von *Lenancourt* sah sich schon sehr bald veranlafst, der französischen Regierung zu melden, dafs der deutsche Sinn in der Bürgerschaft nicht auszurotten sei. Der Gouverneur *de Vieilleville* aber erklärte dem Könige bereits 1556, dafs zum Schutze der Besatzung der Bau einer Citadelle dringendes Erfordernis sei. Der König genehmigte den Plan; ein ganzes Stadtviertel wurde niedergerissen, um den nötigen Raum zu gewinnen. Die auf solche Weise ihrer Wohnungen beraubten Metzer zogen in die Ferne und begannen jenen Auswanderungsstrom in die deutschen, namentlich brandenburgischen Lande, der nach der Aufhebung des Edikts von Nantes seinen Höhepunkt erreichte und damals in Frankfurt a. d. Oder ein „Neu-Metz" erstehen liefs.

[2]) Es wurde diese Grafschaft anfangs zum Elsafs gerechnet, kam aber dann in Besitz der Herzöge von Lothringen, welche 1458 durch K. Friedrich III. in demselben bestätigt wurden. Dieselben gaben indessen das von ihren Stammlanden fast vollständig getrennte Gebiet den Grafen von Zweibrücken und endlich denen von Hanau zu Lehen; eine grobe Verletzung ihrer Vasallenpflichten, welche von den letzteren begangen sein sollte, war der Grund der oben erwähnten Einziehung, für welche sie jedoch i. J. 1606 durch die Herrschaft Lemberg entschädigt wurden. Bitsch, der Hauptort der Grafschaft, war wegen seiner starken Festungswerke schon während der öfteren Einfälle der Franzosen in Lothringen von Bedeutung; auch in der neueren Kriegsgeschichte wird er mehrfach genannt.

[3]) Während der unruhigen und wechselvollen Regierung Karls III. fanden die französischen Könige mehrfach Gelegenheit, ihr Gebiet durch lothringische Landesteile zu vergröfsern. Schon 1632 mufste der Herzog auf die westlich von Verdun gelegene, ehemals bedeutende Grafschaft *Clermontois en Argonne* (mit *Varennes* an der *Aisne*) verzichten; 1641 dehnte sich die

genötigt, die Regierung ganz in Frankreichs Hände zu legen, in welchen sie 27 Jahre verblieb. Erst der Friede zu Ryswyk (1697) setzte den Grofsneffen Karls III., Leopold Joseph Karl, in sein Erbe ein, unter der harten Bedingung allerdings, dafs die Befestigungswerke von Nanzig und verschiedener anderer Orte niederzulegen seien. 1729 trat Franz Stephan, des vorigen Sohn, die Regierung an; als jedoch vier Jahre später, beim Tode des Kurfürsten von Sachsen und Königs von Polen August II. der polnische Kronstreit aufs neue entbrannte, liefs Ludwig XV. zu gunsten seines Schwiegervaters Stanislaus Leszczinsky auf Lothringen Beschlag legen. Der 1738 ab-

---

französische Herrschaft auch über die sich von Verdun abwärts an der Maas ausbreitenden, zu Bar gerechneten Herrschaften *Stenay, Dun, Jametz* aus. Der 1659 abgeschlossene pyrenäische Friede mit Spanien brachte das in dem vorausgegangenen Kriege auf Frankreichs Seite stehende Herzogtum unter zahlreichen kleineren Enklaven in den Besitz der luxemburgischen Grenzbezirke von *Montmédy* und *Thionville* (Diedenhofen), wogegen Frankreich sich freilich weit bedeutendere Landstriche vorbehielt, deren genauere Umgrenzung 1661 erfolgte. Es gehörten zu diesen Abtretungen: die Herrschaft *Sierck*, östlich von Diedenhofen, an der luxemburgischen Grenze; der *Haut-Chemin* mit *Vionville*, *Mars la Tour* etc., der, an Gorze vorbeigehend, das Gebiet von Metz — *pays Messin* — in unmittelbare Verbindung mit dem von Verdun — *Verdunois* — brachte; ferner mehrere andere, südlicher gelegene Streifen, welche die getrennten Stücke des *Messin* vereinigten und in ihrer Verlängerung nach Osten hin über Kaufmann-Saarbrück Saarburg (*Sarrebourg*) und Pfalzburg gerades Weges auf den Vogesenpafs von Zabern hinführte. Innerhalb dieses letzterwähnten Streifens war somit auch das an der elsässischen Grenze gelegene Fürstentum Pfalzburg 1661 an Frankreich gekommen. Ein Pfalzgraf von Veldenz zu Lützelstein hatte den von ihm erbauten und befestigten Ort 1583 an den Herzog Karl II. von Lothringen verkauft; dessen Nachfolger Heinrich bestimmte das kleine Gebiet für Ludwig von Guise, einen natürlichen Sohn des 1588 in Blois ermordeten Kardinals von Guise, welchen er zu seinem Erben ausersehen hatte. Die Verfolgung dieses seines Planes brachte den Herzog jedoch in den heftigsten Zwist mit seinem Bruder Franz von Vaudemont, welcher 1621 sein Ende erreichte, und zwar durch die Vermählung des ältesten Prinzen von Vaudemont und nachmaligen Herzogs Karl III. mit Nikoläa von Lothringen. Der Prinz von Guise, der 1610 schon die Herrschaft Apremont erhalten hatte, wurde durch das zu seinen Gunsten in ein Fürstentum verwandelte Pfalzburg entschädigt, welchem Herzog Heinrich auch noch die benachbarte, 1620 erkaufte und nunmehr gleichfalls gefürstete Herrschaft Lixheim beifügte. Als er 1631 kinderlos starb, hinterliefs er diese Lande seiner Gemahlin Henriette von Vaudemont, welche ihr unruhiges und schuldvolles Leben 1660 beschlofs. Nun legte, wie erwähnt, Ludwig XIV. seine mächtige Hand auf Stadt und Fürstentum Pfalzburg.

1678 nahm Frankreich ferner *Longwy*, die zwischen Thionville und Montmédy gelegene Grenzstadt gegen Luxemburg, in Besitz. Ihr Gebiet wurde zu einer Grafschaft erhoben, sie selbst aber schon in den nächstfolgenden Jahren durch Vauban in eine starke Festung umgewandelt. Von 1680 an gestaltete derselbe grofse Festungsbaumeister den in gleicher rechtloser Weise mit Beschlag belegten bisher lothringischen Grenzort *Saarlouis* zu einem Ausfallsthor gegen Kurtrier, Nassau-Saarbrücken und Pfalz-Zweibrücken. Der Friede zu Ryswyk verfügte auch über diese willkürlichen Losreifsungen deutschen Gebietes zu gunsten Frankreichs.

geschlossene Wiener Friede erkannte des letztern Ansprüche auf den Thron Polens nicht an; Frankreich setzte es jedoch durch, dafs ihm das Herzogtum Lothringen zu lebenslänglichem Besitze übergeben wurde, unter der Bedingung des völligen Heimfalls an Frankreich bei seinem unbeerbten Tode. Franz Stephan, Gemahl der nachmaligen Kaiserin Maria Theresia von Österreich und 1745, am Schlusse des österreichisch-bayrischen Erbfolgekrieges, selbst zum deutschen Kaiser erwählt, wurde dagegen durch das Grofsherzogtum Toskana entschädigt. — Stanislaus, an ein behagliches Leben gewöhnt, überliefs schon bald nach dem Antritte seiner Regierung dieselbe gegen eine Jahresrente von zwei Millionen Franks, die er teilweise zur Verschönerung seiner Hauptstadt Nancy verwandte, gänzlich an Frankreich, welches sodann 1766 bei seinem Tode das Herzogtum feierlich den französischen Landen einverleibte.

Es wurden dabei unterschieden die *Lorraine allemande*, in welcher man sich noch bis zur Mitte des 18. Jahrhunderts nicht nur im Verkehr, sondern auch in allen gerichtlichen Verhandlungen lediglich der deutschen Sprache bedient hatte, und Französisch-Lothringen. Dem erstgenannten Bestandteil war das Stück von Bar zugewiesen, welches bisher unter der Hoheit des deutschen Reiches gestanden, ebenso die eingeschlossenen, bereits erwähnten Reichsgebiete Bitsch, Pfalzburg, Lixheim nebst der Herrschaft *Fenestrange* (Finstingen); zu Französisch-Lothringen wurde dagegen der französische Anteil an Bar (*Bar mouvant* und die ausgedehnte Landschaft *Bassigny* an den Grenzen der Champagne) gerechnet, sowie die Grafschaften *Vaudemont*, *Blámont*, *Nomeny*, *Deneuvre*. Das Ganze zerfiel in die Bezirke oder *Bailliages de Nancy* und *des Vosges*.

§ 31. — Schon gleich in den ersten Jahren nach der Besitznahme Lothringens eröffnete Frankreich Verhandlungen mit verschiedenen deutschen Fürstenhäusern zum Zwecke der Grenzregulierung. Die Markgrafen von Baden erkannten 1769 in bezug auf ihre luxemburgischen Herrschaften, insbesondere **Rodemachern** die französische Oberhoheit an[1]), so dafs deren vollständige Einziehung bis zum Frieden von Lüne-

---

[1]) Diese nördlich von Thionville an der Saar gelegene Herrschaft war ursprünglich unter der Lehnshoheit Luxemburgs im Besitze der Herren von Rodenbach; weil sich indessen einer der letzteren wider die Herzogin Elisabeth von Lützelburg empört hatte, zog dieselbe 1419 das Gebiet ein und vereinigte es mit ihren unmittelbaren Landen. Die wichtigen Dienste, welche Markgraf Christoph I. von Baden-Baden dem Kaiser Maximilian im Kriege gegen Burgund 1475 und gegen Frankreich 1479 durch Eroberung des Herzogtums Lützelburg, sowie später (1488) durch Niederwerfung des flandrischen Aufstandes und Befreiung des Kaisers aus seiner Gefangenschaft in Brügge erwiesen, veranlafste diesen, den tapfern Waffengeführten nicht nur zum Statthalter von Lützelburg und Chimay zu ernennen, sondern ihn auch mit den eingezogenen Besitzungen ungetreuer Vasallen, darunter Rodemachern (Hörspringen, Uffeldingen etc.), zu beschenken. Als Markgraf Christoph I. 1527 und dessen zweiter Sohn Bernhard 1536 gestorben waren, begründete Christoph II., ein nachgeborner Erbe des letztern, seit 1555

ville verzögert wurde. In demselben Jahre wurde das fürstliche Haus Wied-Runkel veranlaſst, sich hinsichtlich seiner kleinen lothringenschen Herrschaft Rollingen (*Raville*) der Landeshoheit Frankreichs völlig zu unterwerfen, während letzteres schon 1766 die Hoheit über die gleichfalls wied'sche Grafschaft Krichingen (*Créange*) und die Herrschaft Püttlingen (*Putelange*) gegen einige Abtretungen an Nassau-Saarbrücken überlassen hatte, so daſs diese Güter, wie auch Saarwellingen, bis 1801 bei dem Reiche verblieben[1]). 1781 verzichtete der Fürst von der Leyen auf seine Herrschaft Wolferdingen bei Saargemünd.

Während der Revolution entwickelten sich die Verhältnisse, welche den innigeren Anschluſs an die französische Republik herbeiführten, in Lothringen in gleicher Weise, wie im Elsaſs, so daſs zur Vermeidung von Wiederholungen die einfache Hindeutung auf das in § 24 und 25 Gesagte genügen dürfte. Auch in der *Lorraine allemande* breitete sich schon in den neunziger Jahren des vorigen Jahrhunderts das französische Wesen mehr und mehr aus, mit ihm zugleich die französische Sprache, namentlich in den Städten; das Deutsche schien dagegen auf den Rang eines „Bauernpatois" herabgedrückt zu werden, das in weit stärkerem Maſse, als im Elsaſs, der Verachtung aller Gebildeten preisgegeben wurde. Das Kaiserreich, dem auch die Bewohner Lothringens ihre Sympathieen entgegenbrachten, vollendete das Werk der Verwelschung, welches dereinst ein dem Reiche entfremdetes Fürstenhaus begonnen hatte. Allmählich schwand nicht nur in Metz und Nancy, in Toul und Verdun, sondern auch in Salzburg (*Château Salins*) und Saargemünd (*Sarreguemines*), in Pfalzburg (*Phalsbourg*) und Diedenhofen (*Thionville*) wie in zahlreichen andern Orten mit den deutschen Ortsnamen auch die Erinnerung an den vormaligen Zusammenhang mit Deutschland, dessen Neugestaltung zu einem vielgliedrigen, lose zusammengefügten Staatsganzen, wie sie der Wiener Kongreſs vollzogen hatte, nicht dazu an-

---

eine besondere Linie Baden-Rodemachern, welche indessen schon wegen des ungemessenen Aufwandes ihres Stifters nicht zu rechter Blüte gelangen konnte und bereits 1666 mit Karl Wilhelm Eugen wieder erlosch, worauf die lützelburgischen Güter an die nächstverwandte Linie Baden-Baden zurückfielen. Die Ansprüche, welche Frankreich als Rechtsnachfolger der Herzöge von Lothringen seit 1766 auf Rodemachern erhob, beruhten übrigens auf der schon 1639 erfolgten Besetzung des Schlosses durch den oben genannten Herzog von Guise.

[1]) Die in den Saargegenden und an der Nied in Lothringen zerstreut liegenden Besitzungen des Hauses Wiedrunkel waren nach dem Aussterben der beiden Linien des ursprünglichen Hauses (zu Püttlingen 1681, zu Krichingen 1697) durch die Vermählung einer Erbtochter der letztern mit dem Grafen Edgard Ferdinand von Ostfriesland an dessen Haus gekommen. Christine Luise, eine Enkelin dieses Grafen, brachte sie darauf ihrem Gemahl Johann Ludwig Adolf von Wiedrunkel zu, obwohl andere verwandte Häuser Ansprüche auf dieselben erhoben. — Püttlingen in Lothringen (zwischen Saargemünd und Saaralben) darf übrigens nicht mit dem südöstlich von Saarlouis im Hochwalde gelegenen Püttlingen, einer alten Besitzung der Wild- und Rheingrafen, verwechselt werden.

gethan war, auch selbst nach der unerwünschten Rückkehr des Hauses Bourbon alte Neigungen wieder wach zu rufen. Infolge dessen war es vorherzusehen, dafs die Wiedervereinigung des noch immer als Deutsch-Lothringen bezeichneten Gebietes mit dem alten Mutterlande inmitten der einheimischen Bevölkerung noch gröfserem Widerstreben begegnen werde, als die des Elsasses. Die Rücksicht auf die Sicherung der Grenze entschied jedoch für die Annexion. Im deutschen Hauptquartier wurde die Notwendigkeit anerkannt, zum mindesten die von einer deutschredenden Landbevölkerung besetzten Gebiete in das neue deutsche Reich aufzunehmen; diejenigen Bezirke dagegen, deren Bewohner ihrer Sprache zufolge zu wirklichen Franzosen geworden waren, sollten grundsätzlich nur in einer solchen Ausdehnung beigefügt werden, wie es für den Hauptzweck, insbesondre für die Herstellung einer ausreichenden Umgebung der Grenzfestungen Metz und Diedenhofen erforderlich schien. Die Rückgabe von Belfort durch die Additionalkonvention vom 12. Oktober 1871 bewies aufs klarste, dafs man sich auf deutscher Seite nur von diesen Grundsätzen leiten liefs, und dafs die Proteste der französischen Machthaber gegen die Festsetzung der Grenzlinie, welche nur nach der Willkür und Laune des Siegers gezogen sei, als gänzlich unberechtigt zurückgewiesen werden durften. In der That schliefst derjenige Teil von Deutsch-Lothringen, welcher durch das Gesetz vom 9. Juni 1871 mit dem deutschen Reiche vereinigt worden ist, ein südwestlich von der Sprachgrenze[1]) gelegenes Areal von nur etwa 56 QM in sich[2]), dessen Bevölkerung fast ausschliefslich die französische Sprache redet. Jede Erweiterung desselben würde die mit der Einverleibung verbundenen Schwierigkeiten gemehrt, die von der Reichsregierung übernommene Verpflichtung eines kräftigen und nachhaltigen Grenzschutzes gegen die Revanchegelüste des französischen Chauvinismus nur gesteigert haben.

---

[1]) Dieselbe zieht sich, nördlich von Belfort anfangend, bis über Markirch hinaus ziemlich genau über den Hauptkamm des Wasgaugebirges hinweg, wendet sich dann an der Grenze der alten Grafschaft Obersalm, die in zwei ungleiche Hälften geteilt wird, nach Nordwesten und behält diese Hauptrichtung im wesentlichen bis zur luxemburgischen Grenze unweit Diedenhofen bei. Lothringisch-Saarburg, Finstingen, St. Avold bleiben eben so weit nach Osten zu liegen, wie Blâmont, Château-Salins, Metz nach westlicher Richtung.
[2]) Zur Zeit des Frankfurter Friedens wurde die Gröfse des Bezirks Oberelsafs auf 63,659 QM mit 460 000 Einw., die des Niederelsafs auf 86,477 QM mit 600 000 Einw., die Deutsch-Lothringens auf 113,049 QM mit 490 000 Einw., die des ganzen Reichslandes demnach auf 263,185 QM (1 449 171 ha) mit 1 550 000 Einw. angegeben. Etwa 1/5 der gesamten Ausdehnung war eigentliches französisches Gebiet, auf welchem ungefähr 1/7 der gesamten Bevölkerung wohnte. Eine Zunahme der Volkszahl hat aus bekannten Gründen bis jetzt kaum stattgefunden. Die Volkszählung von 1885 ergab auf 14 509,4 qkm 1 563 145 Einw. (ungefähr 1 296 000 Deutsche, 270 000 Franzosen).

Übersicht
der
wichtigsten Thatsachen aus der Entwicklungsgeschichte

a. des Elsafses.

50 v. Chr. bis ins 5. Jahrh. n. Chr.: Römerherrschaft am Oberrhein; als Mittelpunkt derselben erscheint *Argentoratum*.

Seit 200 n. Chr.: Die Alemannen setzen sich im Elsafs fest.

Um 500: Begründung der fränkischen Herrschaft im Elsafs durch den Sieg über die Alemannen.

6. Jahrh.: Trennung des dem Sprengel des Bischofs von Basel überwiesenen Süd-(Sund-)gaues von dem zum Strafsburger Bistum gehörigen Nordgau (mit dem neuen *Stratisburgum*).

7. Jahrh.: Herzöge im Elsafs. — Eticho I.

769: Beseitigung der herzoglichen Würde.

870: Durch den Vertrag von Mersen zwischen Ludwig dem Deutschen und Karl dem Kahlen wird das Elsafs dauernd für Deutschland gewonnen. Es wird dem Herzogtum Schwaben zugetheilt.

Grafen im

1. Oberelsafs.

Um 1100: Der Habsburger Otto II. erlangt die gräfliche Würde erblich.

Um 1200: Adalbert III., der Reiche, wird Landgraf vom Oberelsafs. Mömpelgard scheidet aus dem Verbande der Landgrafschaft. 1164 wird Hagenau reichsfrei; um 1200: Strafsburg (durch K. Philipp v. Schwaben(?); sodann auch die übrigen der „zehn Städte".

Bis 1278: Rudolf (IV.) von Habsburg. Jüngere Prinzen dieses Hauses erlangen von nun an die landgräfliche Würde, u. a. um 1386 der „Erzherzog" Leopold II. Anbildung Vorder-Österreichs.

1324: Graf Ulrich von Württemberg kauft die Herrschaft Horburg.

1411—89: Kämpfe des Landgrafen Friedrich III. mit K. Sigismund.

2. Unterelsafs.

Um 1100: Hugo V. wird erblicher Graf im Nordgau. Theoderich (von Metz) erster Landgraf im Unterelsafs.

1196: Landgraf Siegbert III. von Werth.

1202: Landgraf Heinrich Siegbert und der Bischof von Strafsburg unterliegen im Kampfe gegen den mit der Reichsst. verbündeten Grafen Rudolf von Habsburg bei Oberhausenberg.

Um 1340: Die Brüder Friedrich und Ludwig von Öttingen treten (für Johann II.) in die Landgrafschaft ein; Veräufserung und Verpfändung zahlreicher Güter an die Bischöfe von Strafsburg, die Herren von Lichtenberg und andere Adelsgeschlechter mit Genehmigung K. Karls IV.

1376: Johann II. † als letzter Landgraf; die Reste des Besitzes fallen

b. Lothringens.

5. Jahrh. n. Chr.: Auflösung der Römerherrschaft im Gebiete der Mediomatriker; Anfall desselben an das Frankenreich. *Mettis*, *Tullum Virodunum* werden zu Sitzen von Bischöfen bestimmt.

8. Jahrh.: Neben den Bischöfen vertreten Grafen die königliche Gewalt.

843: Vertrag zu Verdun; Begründung Grofs-Lotharingens.

855: Thronentsagung K. Lothars I.: Kämpfe wegen des Erbes; beendigt durch den

870: Vertrag zu Mersen; der östliche Teil Grofs-Lotharingens (von der Maas bis zum Rheine) fällt an Deutschland.

895: Dieses (verkleinerte) Lothringen übergiebt K. Arnulf als ein Herzogtum und grofses Lehen des Reiches seinem Sohne Zwentibold.

954: K. Otto I. belehnt seinen Bruder Bruno, Erzbischof von Köln, mit Lothringen. Dessen Teilung in Nieder- und Oberlothringen. Das erstere wird allmählich in die zahlreichen niederländischen Grafschaften etc. zersplittert, das letztere führt den Namen Lothringen weiter.

1056: Herzog Gerbard erhält nach langen Kämpfen volle Selbständigkeit von Niederlothringen; er wird Stammvater der gesamten Herzogsfamilie von (Ober-) Lothringen.

12. Jahrh.: Kämpfe der herzoglichen Gewalt mit den umwohnenden geistlichen Fürsten; 1155 Erwerbung von Nanzig durch Herzog Matthias I.

13. Jahrh.: Zahlreiche Lehnsstreitigkeiten mit eingesessenen Vasallen und Beginn der Kämpfe mit den Grafen von Bar.

14. Jahrh.: Teilnahme der Herzöge an den englisch-französischen Kriegen, an Kreuzzügen gegen die Pruzzen etc.

1431: Herzog Karl I. †; sein Schwiegersohn René von Anjou, welcher bereits im Besitze des Herzogtums Bar ist, kämpft mit dem Neffen des Verstorbenen, Anton von Vaudemont, um das Erbe.

14: Einfall der Armagnacs.
59: Landgraf Sigismund verpfändet alle seine Güter und Rechte an Burgund; er wird
77 wieder unabhängig;
81: Abtretung der Landgrafschaft an den Erzherzog Maximilian; dieselbe erscheint von nun an nur noch als eine österreichische Statthalterschaft.
Die mittlerweile im angrenzenden entstandenen kleinen Herrschaften(Altkirch, Hort, Pfirt etc.) kehren nach dem Aussterben ihrer heimischen Geschlechter in gröfsten Teile wieder den unmittelbaren Besitz Österreichs zurück. Besonders wirksam die Vermählung Albrechts des Weisen v. Österreich mit Johanna, der bin von Pfirt etc. (1324).

zumeist dem Bischof v. Strafsburg zu. Der Titel geht auf das „Reich von Hagenau" über; d. h. auf den 1353 von 10 reichsfreien Städten und 41 Reichsdörfern geschlossenen Bund, dessen zumeist fürstliche Vorsteher nur noch als kaiserliche Beamte auftreten.
1460: Aussterben der Grafen von Lützelstein; Besitznahme des Gebietes durch die Pfalzgrafen.
1480: Jakob v. Lichtenberg †; die Herrschaft fällt an Hanau.
1558: K. Ferdinand I. löst die Landvogtei Hagenau als österreichische Pfandschaft ein.

631: Ober- und Unterelsafs von den Schweden besetzt.
632: Nach dem Tode Gustav Adolfs sucht Richelieu der Krone Frankreich das Schutzrecht über das ganze Elsafs zuzuwenden.
635: Vertrag von St. Germain zwischen Bernhard von Weimar und Frankreich. Des ersteren Plan, das Elsafs als gesondertes Fürstentum dem Reiche zu erhalten, scheitert an seinem frühen Tode (1639).
seit 1642: Das Elsafs steht völlig unter dem Einflusse Frankreichs. (Mazarin.)
646: Während der Friedensverhandlungen zu Münster und Osnabrück wird Unterelsafs bereits an Frankreich abgetreten.
648: Der deutsche Kaiser tritt im westfälischen Frieden für sich und das österreichische Gesamthaus alle Rechte auf Breisach, die Landgrafschaft Ober- und Niederelsafs, Sundgau, die Landvogtei der 10 Reichsstädte an die Krone Frankreich ab.
1675: Rappoltstein fällt an Pfalz-Birkenfeld.
79: Die 10 Reichsstädte unterwerfen sich der französischen Herrschaft, ohne die Bestätigung ihrer Privilegien erlangt zu haben.
1681: Ebenso verzichtet die Reichsritterschaft auf die Geltendmachung ihrer Freiheiten.
679: Friede zu Nymwegen. — Die Réunionskammern dehnen ihre Wirksamkeit auch auf elsässische Orte und Gebiete aus.
681, 28. Sept.: Der vor Strafsburg liegende General Montclar erklärt einer Gesandtschaft des Rates, dafs das Schicksal der

1485: Beendigung des Streites durch die Heirat der Tochter Renés mit Friedrich von Vaudemont, dem Sohne Antons. Bar wird dauernd mit Lothringen verbunden.
Seit 1473: Das Haus Vaudemont in Lothringen und Bar.
1477: Teilnahme desselben an dem Bunde gegen Karl den Kühnen von Burgund.
5. Jan.: Schlacht bei Nancy.
1508: Herzog Anton der Gute. Derselbe schliefst sich an Franz I. von Frankreich und bereitet die Trennung von Deutschland vor.
Seit 1547: König Heinrich II. in Frankreich;
1551: Wiederanfang des Krieges gegen K. Karl V.
1552: Vertrag des Königs mit dem Kurfürsten Moritz von Sachsen, abgeschlossen im Lager von Magdeburg; Besitznahme der Städte und Bistümer Metz (18. April), Toul und Verdun, in welchen der König von Frankreich als „Vikarius des heil. römischen Reiches" auftritt. — Auch Nancy wird von Franzosen besetzt.
1571: Herzog Karl II. zieht die Grafschaft Bitsch als lothringisches Lehen von den Grafen von Hanau ein.
1594: Vergleich Karls I. mit Heinrich IV. von Frankreich wegen der beiderseitigen Rechts- und Lehnsansprüche.

1648: Der westfällische Friede bestimmt, dafs die Oberherrschaft, die Landeshoheit und andere Rechte, welche bisher das deutsche Reich auf die Bistümer Metz, Toul, Verdun und deren Städte und Gebiete gehabt, künftig in gleicher Weise auf die Krone Frankreich übergehen sollen.
1667: Herzog Karl III. kauft die Herrschaft Falkenstein am Donnersberg.
1670: Herzog Karl III. tritt die Verwaltung Lothringens ganz an Frankreich ab.
Während der unruhigen Regierung dieses Herzogs hat sich Frankreich bereits in den Besitz zahlreicher Güter gesetzt, die vordem zu Lothringen oder Bar gerechnet wurden: 1632 Grafschaft *Clermontois en Argonne*; 1641 Herrschaften *Stenay, Dun, Jametz*; 1659 u. 61: Während der pyrenäische Friede die Gebiete von *Montmédy* und *Thionville* an

Stadt besiegelt sei. 30. Sept. Strafsburg wird von 15000 Franzosen besetzt; sofortiger Anfang des Baues einer neuen Festung durch Vauban. 23. Okt.: Einzug Ludwigs XIV.

1684: Waffenstillstand zwischen Frankreich und Wilhelm von Oranien; ersteres soll im faktischen Besitze des Elsafses und aller bis zum 1. August 1681 vollzogenen Réunionen verbleiben.

1697: Friede zu Ryswyk. Die rechtsrheinischen Orte Freiburg, Breisach, Kehl, Philippsburg fallen an Österreich; die Herrschaft im Elsafs geht in ihrem ganzen Umfange, auch in Bezug auf Strafsburg, an Frankreich über.

1714: Friede zu Rastatt zur Beendigung des spanischen Erbfolgekrieges. Frankreich behauptet Landau und legt die Feste Neubreisach an.

1743: Vorübergehende Besetzung des Elsasses durch Österreicher unter dem Prinzen Karl von Lothringen nach dem Siege der „pragmatischen Armee" bei Dettingen.

1789, nach Beginn der Revolution: Das Elsafs wird in die Departements *du haut Rhin* (Kolmar) und *du bas Rhin* (Strafsburg) geteilt.

1790: Einziehung der geistlichen, auch der Ordensgüter im Elsafs durch die fran-

Lothringen überweist, eignet Frankreich den *Haut-Chemin* und verschiedene andere, die Verbindung der einzelnen Teile des *Messin* bezweckende Länderstücke samt den Fürstentümern Pfalzburg und Lixheim an. 1678 (80): Frankreich nimmt *Longwy* und *Saarlouis* in Beschlag und läfst die Orte Festungen ausbauen.

1697: Die französische Okkupation Lothringens erreicht durch den Frieden von Ryswyk ihr Ende; das Herzogtum fällt an seinen rechten Herrn Leopold Joseph Karl zurück.

Die Festungen *Longwy* und *Saarlouis* verbleiben jedoch bei Frankreich

1729: Regierungsantritt des Herzogs Franz Stephan, nachmaligen Gemahls der Kaiserin Maria Theresia von Österreich und deutschen Kaisers.

1731: Durch Spruch des Reichskammergerichtes verbleibt der Herzog im Besitze der Herrschaft Falkenstein.

1733: Anfang des polnischen Kronstreites

1738: Friede zu Wien; Stanislaus Leszczynski erhält Lothringen zu lebenslänglichem Besitz unter der Bedingung des Anfalls an Frankreich nach seinem Tode. Franz Stephan erhält zu seiner Entschädigung Toskana.

1766: Stanislaus Leszczynski stirbt ohne Erben; ganz Lothringen (auch die *Lorraine allemande* mit Bitsch, Pfalzburg, Lixheim, Finstingen) fällt an Frankreich.

Die Herrschaft Falkenstein verbleibt dem Herzog Franz Stephan welcher dieselbe nachmals auch seinem Sohne K. Joseph II. vererbt

Das Haus Wied-Runkel unterwirft sich in bezug auf seine Herrschaft Rollingen der Landeshoheit Frankreichs, während letzteres schon vorher die Hoheit über Krichingen, Püttlingen, Saarwellingen an Nassau-Saarbrücken überlassen hatte.

1769: Baden-Baden erkennt die französische Hoheit über Rodemachern (und andere luxemburgische Herrschaften) an.

1781: Frankreich erwirbt die v. d Leyensche Herrschaft Wolferdingen. — Aufserdem von 175 —83 noch Tauschverträge mit Salm Kur-Trier, Pfalz-Zweibrücken etc

1789: Lothringen zerfällt in die Departements der Maas (*Bar sur Ornain*) der Mosel (*Metz*), der Meurth (*Nancy*), des Vosges (*Epinal*).

zösische Regierung unter Protest der bisherigen Inhaber und des deutschen Kaisers.
92: Erklärung der gesetzgebenden Versammlung, daſs die im Elsaſs begüterten deutschen Fürsten sich den Beschlüssen des Parlamentes zu fügen und eventuell Entschädigungen anzunehmen hätten. Abfindung der Fürsten von Löwenstein-Wertheim und Salm-Salm.
95, 5. April: Separatfriede zu Basel zwischen Preuſsen und der französischen Republik; dabei vorläufige Bestimmungen über die künftige Gestaltung des linken Rheinufers.
96, 7. August: Württemberg tritt Mömpelgard, die elsässische Herrschaft Horburg und alles sonstige Eigentum auf der linken Rheinseite gegen die Zusicherung bestimmter Entschädigungen an Frankreich ab.
Baden folgt diesem Beispiel in bezug auf Kehl und den rechtsrheinischen Teil des Rayons von Hüningen (sowie auf Sponheim, Rodemachern und die sonstigen luxemburgischen Herrschaften).
97, 17. Okt.: Friede von Campo-Formio.
97—99: Kongreſs in Rastatt.
Durch beide wird die Abtretung des linken Rheinufers an Frankreich weiterhin verbreitet.
98: Besitznahme der mit der Schweiz verbündeten freien Reichsstadt Mülhausen durch Frankreich.
01: Friede zu Lüneville. Auch die bis dahin noch in ihrer Verbindung mit dem deutschen Reiche verbliebenen Territorien auf dem linken Rheinufer: die Grafschaften Lützelstein (Pfalzbayern), Hanau-Lichtenberg (Hessen-Darmstadt), Dachsburg (Leiningen), Obersalm (Salm), Saarwerden (Nassau) kommen in den unmittelbaren Besitz Frankreichs.

1801: Durch den Frieden zu Lüneville wird auch für Lothringen die noch bestehende Verbindung aller oben erwähnten Gebiete mit dem deutschen Reiche gelöst; der am 25. Febr. 1803 unterzeichnete Reichsdeputations-Hauptschluſs setzt auch für deren seitherige Inhaber die Entschädigungen fest.

 t 1801: Elsaſs-Lothringen teilt als Provinz Frankreichs dessen Geschicke.
70: August: Nach der Schlacht bei Wörth wird das Elsaſs von den deutschen Truppen besetzt.
23. Septbr.: Übergabe der Festung Toul an den Groſsherzog von Mecklenburg.
28. „ Übergabe Straſsburgs an v. Werder.
27. Oktbr.: Kapitulation von Metz, ganz Elsaſs-Lothringen befindet sich in den Händen der Deutschen.
Anfang der Verhandlungen wegen der Abtretung.
71: 26. Februar: Unterzeichnung der Friedenspräliminarien in Versailles; die Abtretung des Elsasses (mit Ausnahme von Belfort) und Deutschlothringens wird zugestanden.
1. März: Genehmigung des Präliminarvertrages durch die französische Nationalversammlung in Bordeaux.
10. Mai: Friede zu Frankfurt.
4. Juni: Eröffnung der Konferenzen wegen der Grenzregulierung.
9. „ Erlaſs des Gesetzes wegen der Vereinigung Elsaſs-Lothringens mit dem deutschen Reiche. Ausbildung der Verfassung und Verwaltung des Reichslandes.

Register

der in der Geschichte Elsaſs-Lothringens erwähnten Orte und Gebiete.

Alsatia 32.
Altkirch 35.
Argentoratum 32. 35.
Arnsberg 36.
Augst 32.

Bar, Herz. 57.
Barr 38. 45.
Barrois, le 57.
Basel, Bist. 32.
Belfort 35.
Benfelden 38.
Bitsch 54. 63.
Bollweiler 35.
Breisach 42.
Brumath 36. 39.
Buchsweiler 39.
Büren 34.

Cambray 61.
Cernay 35.
Clermontois 63.

Dachsburg 52.
Dachstein 38.
Dagsburg 38. 52.
Dun 64.
Dependenzen 44.
Deutsch-Lothringen 54.
Diedenhofen 54.

Elsaſs 32. 47. 49. 54.
Elsaſs-Zabern 38.
Ensisheim 35. 42.
Erstein 37.
Ettenheim 49. 50.

Ferrette 35.
Fleckenstein 39.
Frankenburg 37. 38.

Hagenau 39. 43. 54.
Hanau-Lichtenberg 39. 52.

Hatten 39.
Haut-chemin 64.
Herboldsheim 37.
Héricourt 35. 50.
Hindisheim 37.
Hohenburg 32.
Horburg 35. 50.
Hüningen 50. 51.
Hüttenheim 37.

Jametz 64.
Illkirch 45.
Ingweiler 39.
Johanniterorden 49.

Kaisersberg 40.
Kutzenhausen 39. 50.
Kehl 50. 51.
Kochersberg 38.
Kolmar 40. 42.
Krichingen 66.
Künigsburg 37. 38.

Landau 40. 48. 52. 53. 54.
Landser 35.
Landvogtei 43.
Laufenburg 42.
Leberthal 39.
Leiningen 52.
Lemberg 35.
Lichtenberg 35. 39.
Lothringen 54.
Lützelstein 38. 52.

Markirch 39.
Markolsheim 38.
Marlen 45.
Marmoutier 39.
Masmünster 35.
Maursmünster 39.
Metz 42. 51. 54. 59.
Metzenheim 37.
Montbéliard 50.

Montmédy 64.
Mömpelgard 35. 44. 50. 54.
Mülhausen 35. 40. 52.
Münster i. Gregorienthal 40.
Murbach 35. 49.
Mutzig 38.

Nancy 34. 51.
Nanzig 56. 57.
Nidau 34.
Niederelsaſs 42. 43.
Niederlothringen 55.
Nordgau 32. 35. 42.

Oberehnheim 40.
Oberbronn 39.
Ober-Elsaſs 33. 42. 43.
Oberkirch 49. 50.
Ober-Lothringen 56.
Obersalm 52.
Ochsenstein 35.
Odilienberg 32.
Ortenau 37.
Ossendorf 39.
Ostheim 50.

Passavant 50.
Petitepierre 38.
Pfaffenhofen 39.
Pfirt 35. 43.
Philippsburg 42.
Püttlingen 66.

Rappoltstein 35. 52.
Reichenweier 50.
Reichsforst 40.
Reichsritterschaft 39. 43. 44.
Rheinfelden 42.
Rodemachern 65.
Rollingen 66.
Rosheim 40.

Rothenburg 35.
Rougemont 35.
Saarwerder 52.
Säkkingen 42.
Saverne 38.
Schirmeck 38.
Schlettstadt 40.
Schöneck 35.
Senheim 35.
Sierck 64.
Sponheim 50.
St. Bilt 37. 39.
Steinthal 38.
Stenay 64.
Straſsburg, Bist. 38. Reichsst. 39. 45. 47. 48. 51.
Stratisburgum 38.
Sundgau 32. 33. 42. 43.

Thann 35.
Thionville 64.
Thüringheim 40.
Toul 42. 59.
Tull 60.

Unter-Elsaſs 35.

Vaudemont 57.
Verdun 60.
Virten 60.
Vorder-Österreich 33.

Waldshut 42.
Wanzenau 38.
Wasselnheim 38. 45.
Weilerthal 37. 38.
Weiſsenburg 40. 54.
Werth 37. 39.
Westhofen 39.
Wolfisheim 39.

Zabern 38.
Zehn Städte 43.

Inhaltsverzeichnis.

	Seite
§ 1. Ursachen des Krieges von 1870/71	3
§ 2. Anfang des Krieges gegen das kaiserliche Frankreich.	6
§ 3. Weißenburg, Wörth, Spichern.	8
§ 4. Die Schlachten um Metz	9
§ 5. Sedan	10
§ 6. Folgen der Schlacht	12
§ 7. Der Festungskrieg	13
§ 8. Der Seekrieg	16
§ 9. Vorläufige Waffenstillstands- und Friedensverhandlungen	16
§ 10. Der Kampf gegen die Heere der Republik	18
§ 11. Erneuerung des deutschen Reiches	20
§ 12. Die Kapitulation von Paris	22
§ 13. Der Waffenstillstand	24
§ 14. Die Friedenspräliminarien	26
§ 15. Der Friede zu Frankfurt	28
§ 16. Aus der Geschichte des Elsasses. — a) Oberelsaß.	32
§ 17. b) Unterelsaß bis ins 14. Jahrhundert	35
§ 18. 19. Desgl. bis 1642	37
§ 20. Der westfälische Friede	42
§ 21. Ausführung der Friedensbestimmungen	43
§ 22. Der Raub Straßburgs.	45
§ 23. Das Elsaß im 18. Jahrhundert.	48
§ 24. Die Zeiten der französischen Revolution	50
§ 25. Das Elsaß unter der napoleonischen Herrschaft	53
§ 26. Aus der Geschichte Lothringens. — a) Bis Kaiser Otto I.	54
§ 27. b) Oberlothringen bis ins 16. Jahrhundert	56
§ 28. Metz, Toul, Verdun.	59
§ 29. Besitznahme der Bistümer durch Frankreich	60
§ 30. Anfall Lothringens an Frankreich	63
§ 31. Spätere Verträge	65

Übersicht der wichtigsten Thatsachen aus der Entwicklungsgeschichte Elsaß-Lothringens 68
Register der historisch wichtigen Orte und Gebiete 72